おいしいフランス　おいしいパリ

稲葉由紀子

Les Plaisirs du Terroir à Paris et ailleurs

Yukiko Inaba

阪急コミュニケーションズ

Paris
掲載店マップ

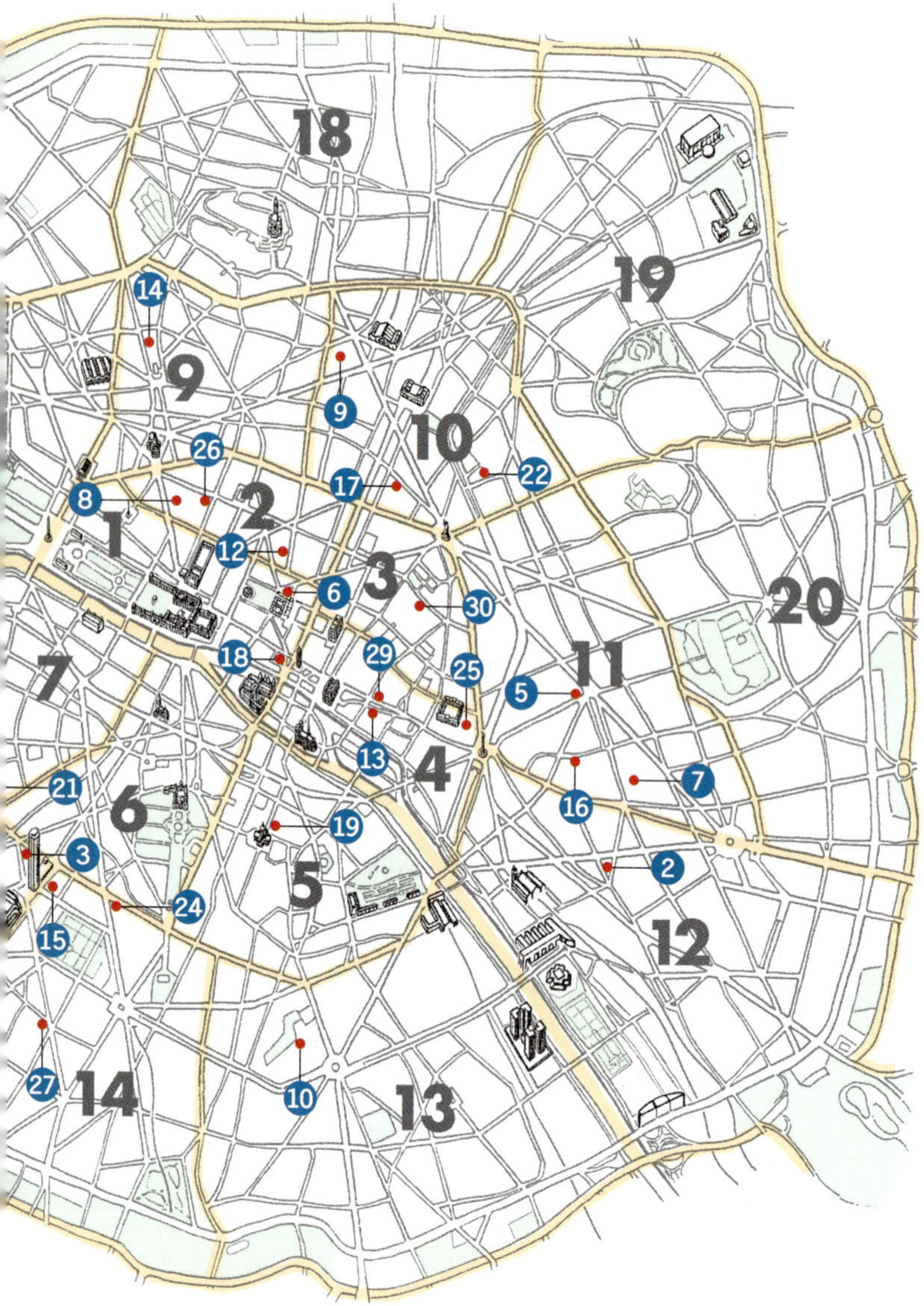

1 グランドルジュ
2 ル・ビストロ・シャンプノワ
3 ル・ベック・ルージュ
4 ラ・ロレーヌ
5 シェザリーヌ
6 ファラモン
7 レカイエ・デュ・ビストロ
8 ル・キャップ・ブルトン
9 シェ・ミシェル
10 ラ・トゥーレーヌ
11 ル・サンセール
12 オ・クリュ・ド・ブルゴーニュ
13 オ・ブルギニヨン・デュ・マレ
14 ブルゴーニュ・シュッド
15 ロポルタン
16 ル・シャレ・サヴォワイヤール
17 ル・レヴェイユ・デュ・ディジエム
18 ア・ラ・テット・ドール
19 シャンテレル
20 オ・プティ・シャヴィニョール
21 ドメーヌ・ド・ランティヤック
22 ル・ビストロ・デゾワ
23 アファリア
24 オイエ!パショワ
25 ビストロ・ド・ルレット
26 ル・メスチュレ
27 ル・プティ・ベニュール
28 ル・プティ・ニソワ
29 ラリヴィ
30 コロソル

おいしいフランス　おいしいパリ

Part 2 ● Loire

素朴なおいしさを求めて、ロワールの田舎町へ。

Part 3 ● Benauge
日常を離れてシンプルに、ブノージュ村の楽しい田舎暮らし。

写真・稲葉宏爾

● 店名の下にあるデータは以下のとおりです。
・所在地と電話番号
・Ⓜ最寄の地下鉄名
・㊔営業時間
・㊡休業日
・価格、営業時間、休業日は2013年7月時点のものです。
・1ユーロ＝約140円（2014年2月）

1

パリにいながら地方を食す！
お腹いっぱい、おいしいフランス。

FLANDRE
CHAMPAGNE
ALSACE
LORRAINE
PARIS
NORMANDIE
BRETAGNE
TOURAINE
BERRY
BOURGOGNE
LYONNAIS

SAVOIE
AUVERGNE
AVEYRON
CORREZE
LANDES
BASQUE
LANGUEDOC
PROVENCE
COTE D'AZUR
CORSE
ANTILLES

Waterzooï de homard aux crevettes grises

伊勢エビと灰色小エビ入り、ワーテルゾイ

フランスの北の端、フランドル地方は、豊かな海の幸と地ビールが名物。

海に囲まれた日本と違って、フランスは三方が地続きで他の国に接している。境目の地方は長い歴史の中で、他の国になったりまたフランスに戻ったりしてきたわけで、このフランドル地方もそのひとつ。北海に沿ったこの地方は、いまのベルギー、オランダの一部とともにフランドル伯領だった。

だから、街も料理もベルギーとよく似ている。飲みものはワインじゃなくてビールだし、海産物、特にウナギが名物。味つけもソースに果物を入れたりして、ふつうのフランス料理とはやや違う甘酸っぱい味、という印象がある。中心都市のリールには何度か行ったし、お隣のベルギーにもよく旅行して、小エビやムール貝などのシンプルな海産物はなかなかおいしいと思ったけれど、フランドル料理は正直言ってあまりピンとこなかった。

■■ 南に比べてなじみのない、フランス北部の味の数々。

パリにはフランドル料理専門店は多くない。だいたいフランス人はベルギー方面の物や人にかなり偏見があって、ムール貝とフライドポテトしか食べない奴らとか、訛りがひど

珍しい「ウナギの緑ソース煮」26ユーロ。ベルギーのウナギ料理にはよく緑色のソースが使われる。茹でジャガイモと香草のサラダを添えて。

アミューズグルは「カボチャのクリーム」と「イワシのタプナード」。アネットと玉ねぎのみじん切りが薬味になっていて、さっぱりと食欲をそそる。

前菜の「セップ茸の温かいケーキ」12ユーロ。まるで日本の茶碗蒸しみたいなキノコ料理。鮮やかな緑色のパセリのソースを敷いて。

いとか、何かにつけ笑いものにする傾向がある。

でも、凱旋門の北側の路地にある「グランドルジュ」の料理を味わったら、彼らの意見も変わるはず。そして私もここで初めて、心からおいしいと思えるフランドル料理に出会ったのだった。

オーナーシェフのブルー氏はリールの出身。アラン・デュトゥルニエの下で働き、21年前にこの店を始めた。基本は市場の旬の素材を使った正統フランス料理だが、故郷のフランドルに伝わる伝統料理がかならずメニューに入っている。

たとえば、他店ではなかなか味わえないウナギの緑ソース煮。ベルギーで初めて味わったときは、埃っぽいような独特の匂いに辟易したものだけれど、ブルー氏のそれは、真水でよく泥抜きしたシャラント産のウナギにアネットやパセリを利かせた爽やかな緑色のソースをあしらって、香り高くヘルシーな一皿に仕上げてある。

そして、彼の真価がいちばん発揮されるのは、あの「ワーテルゾイ」。北海の魚介類を白いブイヨンで煮込んだ名物料理で、リールやブリュッセルの街ではとてもポピュラーな一品だ。伊勢エビ、灰色小エビ、タラや鯛などの白身魚がキャベツやニンジン、ジャガイモとともに、ふわっと泡立てたクリーム色のスープでまとめられ、魚の出汁が効いていてコクがあるのにサラッとしている。喉を滑り落ちる泡のなんと軽いこと。

そんな繊細な味には極上の白ワインしか似合わないのでは、と思いつつ、でもせっかく

伊勢エビと灰色小エビ入りの「ワーテルゾイ」
は単品だと30ユーロ。伊勢エビ抜きのものは
35ユーロのセットメニューにも入っている。

フランドルの地ビールがこの店のお薦めなのだから、と注文した琥珀色のビールが、意外に「ワーテルゾイ」やウナギにすんなり合ったのにも驚いた。地ビールは、フランス産とベルギー産とに分かれて何種も用意されているので、料理に合う濃さと風合いのものをアドバイスしてもらうといい。そういえば、メニューには「ビールのスープ」という珍しい前菜もある。カリカリベーコンとクルトン入りの、軽くて香りのよい不思議なスープ。

一見「え？」と思える味も匂いも、いつの間にか親しく好ましいものと変わるこのフランドル体験。偏見は持っちゃいけませんね。

Graindorge グランドルジュ
15, rue de l'Arc de Triomphe 75017 Paris
☎33・(0)1・47・54・00・28
Ⓜ CHARLES DE GAULLE ETOILE
㊔12時～14時、19時30分～22時（月～金）
19時30分～22時（土）
㊡日、8/1～15、12/25～1/1

Andouillette de Troyes AAAAA

トロワのアンドゥイエット 5A

シャンパンにはあまり似合わなそうな、庶民のお惣菜、内臓ソーセージ。

私が初めてヨーロッパに旅行したのは１９７０年代半ばのこと。一行８人のうち７人が外国初体験で、誰もフランス語ができないのにフォルクスワーゲンのマイクロバスを借りて、フランスを南下したのだった。

パリを出て３日目だったか、ロワール河沿いの小さなホテルに泊まり、夕食のメイン料理に出てきたのがアンドゥイエット。客がみな食べていたので、深く検討もせずそれを注文した。ただの焼いたソーセージと思い込んで食べたその料理は、食感がちょっと不思議ではあったけれど、味が良くて誰も内臓とは思わず、子どもたちまで喜んで完食してしまった。そんな不思議でおいしい旅の経験が、いまのフランス暮らしにつながっているのかもしれない。

そのソーセージの正体を知ったのは、フランスの生活にようやく慣れたころ。豚の大腸と胃を細く切り、調味して腸の皮にぎっしり詰め、玉ねぎや香草を入れたクールブイヨンで５〜６時間も煮たものがアンドゥイエットだ。古くからシャンパーニュ地方南部の町トロワの名物ということになっていて、星付きレストランで出たりはしないけれど、庶民のお惣菜として根強い人気がある。

フランスには「アンドゥイエット愛好家協会（AAAAA）」という愉快な団体があって、優秀と認めたアンドゥイエットには協会認定の5A印を与える。という話はすでに何度か私の本で書いたが、パリの定食屋やビストロでアンドゥイエットを食べる場合は、この5Aを目印にすればほぼ間違いない。

中までしっかりと火を通し、皮がパリッと焼けたところにマスタードソースをかけて、フライドポテトを添えて出すのがパリのレストランでの一般的な食べ方だけれど、このあいだ入った本場シャンパーニュ出身の家族のやっている店「ル・ビストロ・シャンプノワ」ではちょっと違っていた。

■■アンドゥイエットの味を生かすシンプルな食べ方。

5Aアンドゥイエットを、皮がパリパリになるまで焼くところは一緒だが、ソースをかけずにそのまま、シンプルなジャガイモのピュレだけ添えて食べる。

はじける皮から肉汁がしみ出し、柔らかく何重にも重なった肉の襞がフルフルと舌に触れる。すべて手作業で作られるという、トロワ郊外の老舗シャルキュトリ「ティエリー」の、大きさも形も不揃いなアンドゥイエットのうま味、舌触り、香ばしさがじかに味蕾に伝わってくるのだ。なるほど、上質のアンドゥイエットは、確かにソースなしでいい。思い返せ

1969年創業のトロワの老舗「ティエリー」のアンドゥイエット、14.90ユーロ。昔、ルイ14世やナポレオンもアンドゥイエットを味わうためにわざわざトロワの町に寄ったという。

シャンパンは1瓶38ユーロ〜。グラスなら小4.50ユーロ、大8.50ユーロ。シャンパンの生産地は、シャンパーニュ地方でも北寄りの都市ランスやエペルネ。

ばあのロワール河のアンドゥイエットも、ただ焼いただけのものだった。

アンドゥイエットは、青空市の屋台や定食屋のメニューにもよく登場するので下世話な食べものと思われがちだが、あんがい上等な白ワインなどにも合う。同じシャンパーニュ地方の特産でもお上品なシャンパンには似合わないよね、とずっと思い込んでいたけれど、じつは合うのですよ、これが。

「ル・ビストロ・シャンプノワ」はシャンパーニュを店名に掲げるだけあって、手ごろな値段のシャンパンを気軽に味見することもできるから、ぜひその相性を試してみてください。初秋の柔らかい陽射しをいっぱいに浴びたテラス席で。

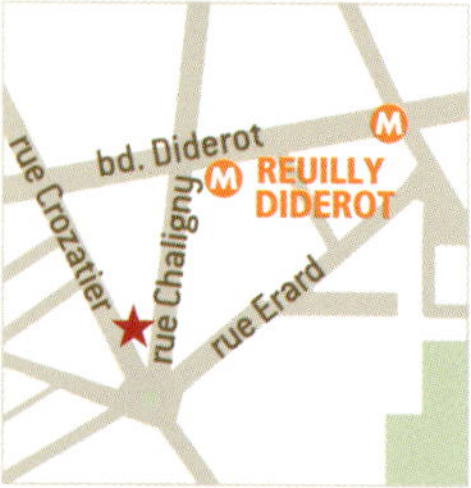

Le Bistrot Champenois
ル・ビストロ・シャンプノワ
6, rue Crozatier 75012 Paris
☎33・(0)1・44・73・09・82
Ⓜ REUILLY DIDEROT
㈫12時〜14時30分、19時〜22時
㊡日、祭

Baeckeoffe
ベックオフ

アルザス独特の花柄容器に入って、ほかほか湯気をあげる肉と野菜煮込み。

アルザス料理の代表といえばまず、キャベツとソーセージの煮込み「シュークルート」。この塩漬けキャベツは、ドイツ料理のザワークラウトと基本は同じで、ソーセージや豚の塩漬け肉を添えるところも、フランス料理よりはドイツ料理に限りなく近い。そういえば葡萄畑のなだらかに続くアルザスの、窓に花を飾った愛らしい木組みの家々もドイツの民家の造りに似ているし、冬の風物詩のクリスマス市だって、とてもゲルマン的なものだ。

そんなふうにやや異質なアルザス地方だけれど、ふたつの大戦で多くの犠牲を払ってフランスに取り戻した、という思いが強いせいか、フランス人のアルザスに対する愛着は強い。そしてシュークルートはいまや給食にも出てくる日常的フランス料理となり、町のシャルキュトリで売られるふつうのお惣菜のひとつとなった。

ただし、これはウマイ、と太鼓判を押せるシュークルートは少ない。アルザス方面からの列車が到着する東駅の駅前には、シュークルートが看板のブラスリーが並んでいるが、

塩漬け豚肉、ソーセージなど5種類の肉がのった「おばあちゃんのシュークルート」18ユーロ。ちょっと物足りないくらい薄味のキャベツが美味。マスタードをたっぷりつけて食べたい。

大きな陶製の容器でテーブルにドーンと登場する「ベックオフ」を、皿に取り分けて食べる。かなり量があるので、小食な人はふたりでシェアするといいかもしれない。

味はどれもいまいち。「クーポール」など老舗レストランのそれも、まあいいか、程度だ。

■■パン焼き窯の余熱で長時間煮込んだ肉と野菜。

モンパルナス大通りをずーっと西に行って、旅行者向けの安レストランがそろそろ尽きるあたりに、赤と黒に塗り分けた一軒のアルザス料理店がある。

カキとビールとシュークルートが売りのパリ風ブラッスリーではなく、アルザス地方料理を掲げたレストランは珍しくて、その「ル・ベック・ルージュ」でさっそくシュークルートの品定めをしたら、これが見事に合格の味だった。キャベツが薄味でさっぱりとして、肉類の煮え具合も申し分ない。

ところが2回目に食べに行ったとき、月曜日限定の特別料理として「ベックオフ」があるのを見て、また興奮してしまった。

このベックオフは、シュークルートと違って、アルザス地方以外ではなかなか味わえないディープな料理。独特の花模様で飾られた陶製のテリーヌ型に、マリネした牛や豚、羊の肉を入れ、ジャガイモ、カブ、ニンジン、玉ねぎなど野菜も適当に入れて白ワインを注ぎ、パン生地で蓋をする。これをパン焼き窯の脇に入れて野良仕事に出かけると、帰ったころには熱々の煮込み料理ができ上がっているという、アルザスの田舎の長い伝統に育まれた味なのだ。

話には聞いていたけれど、実物を食べるのは初めて。容器ごとテーブルに運ばれてきた

熱々の「ベックオフ」18ユーロ。量が多いしカロリーも高そうだけれど、寒い季節には最適。ポチポチの花模様がついたアルザス独特の陶器も可愛い。

ベックオフは、ほっくりと崩れるほどに煮込まれた肉とそのエキスを吸い込んだジャガイモ、長ねぎ、そして濃厚なスープが一体となって、ふつうのポトフやシチューよりも格段に味が深い。そして皮ごと放り込まれた大量のニンニクが、さらに味のアクセントになる。

昔、田舎では月曜日が洗濯日と決まっていて、主婦は炊事に時間を割けずベックオフにした。「ル・ベック・ルージュ」のそれが月曜日限定なのは、現代のレストランでは時間と手間がかかり過ぎるということもあるけれど、その古い風習にもちなんでいる。

月曜日以外なら、迷わずシュークルートを食べましょうね。

Le Bec Rouge ル・ベック・ルージュ
46 bis, boulevard du Montparnasse 75015 Paris
☎33・(0)1・42・22・45・54
Ⓜ MONTPARNASSE BIENVENUE
㊐12時〜14時30分、
19時〜22時30分(月〜木、日、祭)
12時〜14時30分、19時〜23時(金、土)
㊡5/1、7〜8月の日曜、12/25

Quiche lorraine
キッシュ・ロレーヌ

ドイツ国境に近いロレーヌ地方で生まれ、フランス全国に広まった塩味タルト。

朝の割引時間の映画を見ていて昼食を食べ損ね、空腹を抱えてパリの街を歩いていると、パン屋の店先からひどく食欲を刺激する匂いが流れてきた。パイ皮とバターとベーコン、それにチーズの香りも混じるそれは、明らかにキッシュ・ロレーヌのものだ。思わずふらふらと店に飛び込み、電子レンジで温めてもらったキッシュを歩きながら食べる。柔らかくて熱々の卵の味が胃袋を満たしてゆく。涙が出そうなくらい、おいしい。

「キッシュ」は塩味タルトの一種で、ブリゼ生地やパイ生地を型に敷き、そこに溶き卵と生クリーム、ベーコンを混ぜた液を入れてオーヴンで焼いたもの。16世紀にロレーヌ地方で考案されたという。

いまや手軽な軽食の代表としてフランス全国に広がり、たいていのパン屋、お惣菜屋、シャルキュトリで売られている。これがロレーヌ地方の郷土料理だなんて意識して食べている人はいないだろう。私はもっぱら立ち食い用に重宝しているし、食事時間を外しても、カフェやサロン・ド・テで出してもらえるのがありがたい。

■■老舗のブラッスリーのテラスで食べるキッシュ。

真夏みたいな太陽が照りつける6月の午後、散歩に疲れてテルヌ広場に面したカフェの広いテラスに座り込んだときのことだった。

「ラ・ロレーヌ」という名の、いかにも華やかな一昔前のパリを思わせるその店は、ファサードのガラス戸をすっかり開け放ち、満席に近いテラスを黒いチョッキのギャルソンが動き回っている。

夕食まで間があったので軽く何か食べようとして、「ラ・ロレーヌ」ならキッシュがあるんじゃない？　と冗談半分で訊いたら、ちゃんとあったのだ、ほんとうに。

そしてその「キッシュ・ロレーヌ」は、いままでもっぱら食べていたパン屋系のキッシュとはちょっと違う、洋風茶碗蒸しといった雰囲気のものだった。卵分が多くて感触が滑らか。ベーコンも味が良く、ガラス皿にはトマトソースとサラダ菜が添えられている。テラ

「ラ・ロレーヌ」のキッシュは11.85ユーロ。メニューには前菜として分類されているが、軽い1食分にじゅうぶんなボリューム。パリでもっとも広いとされているテラス席に座って味わいたい。

スには飲みもののメニューしかないけれど、注文すれば食事時間以外でも食べられる。

食事のメニューを見せてもらったら、この店は生ガキや海の幸を昼から夜中まで、ノンストップで食べさせてくれるブラスリーだということもわかった。キッシュ・ロレーヌやロレーヌ風デザートなど店名にちなんだ料理もあるけれど、ロレーヌの郷土料理店という

看板料理のカキは少量でも注文できて便利。これは3種のカキを2個ずつ盛り合わせた前菜「ジラルドー」22.70ユーロ。この店では5人のカキ剝きおじさんたちが待機していて、夏でも新鮮なカキを食べられるのが嬉しい。

「シュークルート」は20.65ユーロ。ソーセージや塩漬け肉の種類が多く、量もたっぷり。すっきりと煮えたキャベツとホクホクのジャガイモも美味。ワインはアルザスの白、ゲヴルツトラミネールがいい。

わけではなく、ドイツ領だったアルザス・ロレーヌ地方が第一次世界大戦後フランスに戻ったことを記念して、1924年の店の創業時につけられた店名だという。だからアルザス名物のシュークルートもメニューに入っている。

キッシュのおいしさに感心して、改めて「ラ・ロレーヌ」のカキとシュークルートを食べに行ってみたら、カキの新鮮さもシュークルートのキャベツの煮え具合も、キッシュ同様にレベルが高かった。

店内の壁の一部に、創業時のアールデコのモザイクが保存されている。眺めているうちに、ロレーヌ公国の都だったナンシーの街を以前訪ねたときの、ロココ趣味の街並と、そこに点在するアールヌーヴォーの美しい家々の記憶がくっきりと蘇ってきたのだった。

La Lorraine ラ・ロレーヌ
2, place des Ternes 75008 Paris
☎ 33・(0)1・56・21・22・00
Ⓜ TERNES
㈪ 11時～翌1時 ※カフェは7時～
㊡ 無休

Sandwich au jambon Prince de Paris

ハム入りバゲットサンド

パリパリのバゲットにハムをはさんだ、シンプルなパリのお昼ごはん。

フランス各地のおいしい料理を紹介していると、肝心のパリはないの？　という疑問がとうぜん湧いてくる。

パリらしい料理といえば、いわゆるビストロ料理がそうだろう。でもその原型は各地方の料理だし、パリの味というよりは長い間にパリ風になった味、といえる。

となると思い当たるのはひとつしかない。焼きたてのバゲットに縦の切れ目を入れ、たっぷりバターを塗って薄切りのハムをはさんだ「サンドイッチ・オ・ジャンボン」。ジャンボン・ド・パリと呼ばれる加熱ハムも、細い棒の形のバゲットもパリで生まれたもの。このサンドイッチは作るのに手間がかからないから、子どもの遠足というと母親は迷わずこれを持たせる。典型的フランス弁当だ。

スタバも中華のテイクアウトも存在しなかったころ、軽食といったらパン屋のサンドイッチしかなくて、お金のないパリの若い子たちはバゲットサンドをかじりながら街を歩いた。中でもハムの薄切りをはさんだそれは、いちばんポピュラーで値段も安かったのだ。

「プランス・ド・パリ」と呼ばれる高級ハムのバゲットサンド、6.50ユーロ。ピストゥソース、ヘーゼルナッツ、パルメザンチーズ、アルティショーなどが隠し味。

ほぐしたタラとアボカドのグァカモーレをはさんだ柔らかい丸パンのサンドイッチ、8.50ユーロ。他にも燻製ニシンとかカニ肉とか、凝った素材が使われる。

右はさっぱり味の「タコのサラダ」、左はしっとりとした卵料理の「トルティーヤ」。どちらも4ユーロ。野菜を中心にした副菜がつねに数種類あるので、サンドイッチと一緒に取れば栄養的にもパーフェクト。

いまでも5ユーロ以下でお腹を満たすことができるパン屋のサンドイッチは、年代を問わず、簡単にお昼をすませたい人々の間で根強い人気を保っている。ちゃんとしたパン屋さんで買えば、どれも問題なくおいしいのだから。

■■センスと工夫にあふれた、お惣菜とサンドイッチ。

ロケット通り、といってもバスチーユ寄りではなく、メトロのヴォルテール駅に近いほうのごく庶民的な一画に、昔風の馬肉屋があるのは以前から気がついていた。

ある日その前を通りかかったら、店が馬肉屋時代の印象はそのままに、きれいなお惣菜屋さんになっている。ほんの数席だけれど、イートインできるスタンドもある。ちょうどお腹が空いていたし、レストランに入るには遅過ぎる時間だったので、これ幸いと飛び込んでサンドイッチを買い、すぐ先の小さい公園のベンチに座ってかじった。そのハム入りバゲットサンドがなんとも素敵な味だった。

パリパリのパンと、しっとり柔らかく上品な味わいのハム。でもそれだけではない。バジルやオリーブ油、何かナッツの匂い、いろいろな香辛料の香りもあり、でもそれが控えめなので、鼻から喉にかけてとても豊かなものを食べた印象が残るだけ。そういえば、ただのハムサンドにしては値段がちょっと高いな、と思っていたのだけれど、このレベルの高さなら当然のこと。降参しました。

後日また店に寄って、今度はスタンドで店主デルフィーヌの手作りお惣菜をじっくりと味見。ジャガイモ入りのスペイン風オムレツ「トルティーヤ」も、ウイキョウを刻み込んだ香りのよい「タコのサラダ」も、みな繊細で味のバランスがいい。ハムサンドは定番だが、それ以外のサンドイッチも仔牛のカツ入りとか牛タン入りとか、ひと手間かけたもの。バゲットサンド以外に、柔らかいゴマ付き丸パンのサンドもある。

パンもハムも、わざわざブランドものじゃなくても近所にとてもいい店があるので、と控えめな笑顔のデルフィーヌ。馬肉屋のきれいなタイルや巨大な冷蔵庫はそのまま生かして、今後はチーズや乳製品も充実させる予定だそうです。

お惣菜を売り、イートインの世話もして大活躍のデルフィーヌさん。

CheZaline シェザリーヌ
85, rue de la Roquette 75011 Paris
☎33・(0)1・43・71・90・75
Ⓜ VOLTAIRE
㋒10時～19時
㊡土、日、8/15から10日間、
12/25～1/1（予定）

地方産のおいしいものをパリで買うには。

フランス北部の食材

パリの街角には、素敵な豚肉加工品を並べたシャルキュトリや、オイル、香料、缶詰などを扱うエピスリがたくさん店を構えているけれど、地方物産のブティックとなると簡単には見つからない。比較的多いのは、フォアグラを売りにする南西地方の物産店。それから最近はタパスブームのおかげか、バスク食材の専門店も見かけるようになってきた。

でもフランス南部の物産の張り切りぶりに比べて、北部の食べものを扱う店はちょっと少なめ。最近のヘルシー志向が、オリーヴ油中心の南部の食材に集中して、バターやクリームを使うヘビーな北の食べものはちょっと不利なのかな？

そんななかで存在感を発揮しているのはブルターニュ食品。海藻や魚介類、海の塩、良質のバター、それを使ったキャラメルなどが人気を呼んでいる。じつは去年まで12区で営業していた「シュマン・ド・ブルターニュ」というお店が大好きだったのだけれど、閉店してしまったので、最近はモンマルトルの丘の南側にある「ティ・ミャン・ゴズ」に行く。塩バターキャラメルのペースト「サリドゥ」、地ビールやシードル、それにこってり味のお菓子「クイニ・アマン」などを味見したい。店主のオリヴィエさんが話し好きで、商品の説明を丁寧にしてくれるのもありがたい。

ドイツと国境を接していて、フランス食品としてはちょっと異色なアルザスの食材は、アルザス・ロレーヌ方面への列車が発着する東駅前の「シュミッド」、それから15区にあるアルザスのシャルキュトリの直営店「ＣＣＡ」で、本格的なシュークルートの材料が揃えられる。アルザス独特の軽いピッツァ「フラメンクーシュ」もあり、温めるだけで食べられるのが便利。

お隣のロレーヌ地方の物産は、東駅の構内にある「アン・パッサン・パー・ラ・ロレーヌ」で買える。特産のミラベルを使ったジャムが各種あり、名物のボンボン「ベルガモット・ド・ナンシー」など菓子類も充実。ミラベルをはじめ洋梨やラズベリー、ブルーベリーなどの果実の産地でもあるので、それを使ったリキュールやオー・ド・ヴィも種類が多く、きれいな瓶を見ているだけで楽しい。

＊

最近は「ル・ボンマルシェ」の食品館や「ＢＨＶ」「ラファイエット・グルメ」など、デパートでも地方物産をたくさん置くようになっているけれど、ちょっと値段が高めだし、規模の小さな生産者の製品は、やはり専門店にしかないことが多い。親切なお店の人にいろいろ話を聞いて、珍しい食材を教えてもらうのも買物の愉しみのひとつです。

キブロンの「ラ・メゾン・ダルモリーヌ」製の塩バターキャラメルのペースト「サリドゥ」。パンに塗ってもいいしクレープにも。

オーヴンで軽く温めれば食べられるアルザスのピッツァ「フラメンクーシュ」。

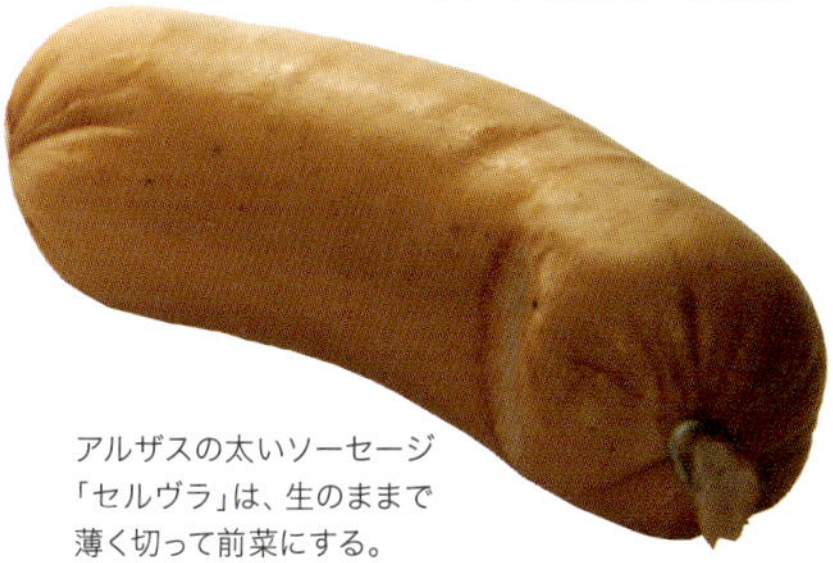

アルザスの太いソーセージ「セルヴラ」は、生のままで薄く切って前菜にする。

ロレーヌ地方のミラベルは、世界の生産量の8割を占めているとか。ジャムは酸味が少なく、香り豊かで甘い。

ナンシーの町の名物「ベルガモット・ド・ナンシー」は、アールグレイの香りがする大人っぽい味のボンボン。

● Ty Miam Goz ティ・ミャン・ゴズ
64, rue d'Orsel 75018 Paris
☎ 33・(0)1・42・52・53・76
㊡日 Ⓜ ABBESSES

● Schmid シュミッド
76, boulevard de Strasbourg 75010 Paris
☎ 33・(0)1・46・07・89・74
㊡日 Ⓜ GARE DE L'EST

● CCA
196, rue de Vaugirard 75015 Paris
☎ 33・(0)1・45・66・87・38
㊡日 Ⓜ VOLONTAIRES

● En Passant par la Lorraine アン・パッサン・パー・ラ・ロレーヌ
Gare de l'Est, place du 11 novembre 1918 75010 Paris
☎ 33・(0)1・40・35・47・80
㊡無休 Ⓜ GARE DE L'EST

Tripes à la mode de Caen
カーン風トリップ

内臓まで大事に味わう、ノルマンディの代表的煮込み料理。

ひと口にノルマンディといっても、ドーヴィルなど東寄りの高級リゾート地と、第二次大戦で連合軍の上陸した西海岸とではかなり様子が違う。激しい戦いで破壊され、再建された町が多い西側。

そのひとつ、カーンの町を初めて訪れたのは、バイユーに11世紀のタピスリを見に行く途中だった。

汽車の待ち時間がだいぶあるから旧市街を見物しようと思ったのだけれど、駅から都心までが遠い。空襲でその4分の3が破壊されたというカーンの町は、すっかり復興されて立派な産業都市になっている。近代ビルの並ぶ広い道路を歩き続けるのにへこたれて、途中のカフェに飛び込んで注文したのが名物の「トリップ」だった。

牛の4つの胃をよく水で洗い、下茹でしてから香草や野菜と一緒にトロトロと10時間以上も煮込んだ料理が「トリップ」で、カーンのそれは、煮るときにノルマンディ特産のシードルやカルヴァドスを加えるのが特徴。臭いを消すとともに、独特の風味が加わる。内臓料理に目のない私は、それまでパリの定食屋などで食べた経験はあったものの、臭みが強くてそれほど好きになれなかったのだが。

「カーンに来たらやっぱりトリップ」と思って注文したそのひと皿が、美味だった。脂っけが少なく、臭いも気にならず、さらっとしたスープ感覚の煮込み。だからいまでもトリップを味わうとき、あのカーンの町の平凡なカフェで食べたトリップが、つねに味の基準となっているのだ。

その「カーンの町のトリップ」をさらに超えるような「究極のトリップ」ともいうべき一品が、意外にもパリの街にあるのです。

旧中央卸売り市場だったレアールの、すぐ裏の小さな広場に面したノルマンディ料理店「ファラモン」は、1900年パリ万博のときに施されたアールヌーヴォーの内装で有名な老舗だが、その看板料理が「カーン風トリップ」なのだ。

■由緒あるレストランで庶民的な臓物料理を。

黒い鉄鍋で登場するトリップは、たっぷり3皿分はあるというすごいボリューム。胃壁といっても、薄く布状のもの、横にヒダヒダのついたもの、分厚いの、トロトロに煮えたものなど、それぞれの違いがあって味わい深い。臭みはほとんどなく、脂を濾してあるのでさっぱりと食べやすい。ジャガイモもいい味で、何杯でも食べられそう……だったが、さすがに3杯目でダウン。給仕のお兄さんが鍋をのぞいて「まあ、これならいいかな」と許してくれた。

ふたりでシェアしたいくらいのボリュームがある「ファラモン」の「カーン風トリップ」23ユーロ。コラーゲンたっぷりです。

上：生乳キャラメルソースと冷たいアイスクリームを添えた「温かいマドレーヌ」12ユーロ。
下：クラシックなデザート「パン・ペルデュ（フレンチトースト）」にもキャラメルソースがかかっている。12ユーロ。時間がかかるデザートなので、食事の最初に注文する。

その直後、デザートの「温かいマドレーヌ、キャラメルソースがけ」はしっかり4つも食べてしまったのだから、我ながらオソロシイ。でもノルマンディのデザートときたら、牛乳やバターやクリームの産地だけあって、途中で止められないおいしさなのだ。

1832年創業という「ファラモン」、暖かい季節は広場に張り出したテラス席が快適だけれど、冬場は花のシャンデリアや絵タイル、壁絵で飾られた室内に陣取って、20世紀初頭のパリの雰囲気に浸るのがいい。トイレに行くついでに、意匠を凝らした2階の小サロンもぜひ見学を。なにしろこの建物、国の歴史的建造物に指定されているのです。

トリップとアールヌーヴォー建築。100年前のパリではごく普通の組み合わせだったんだろうな。

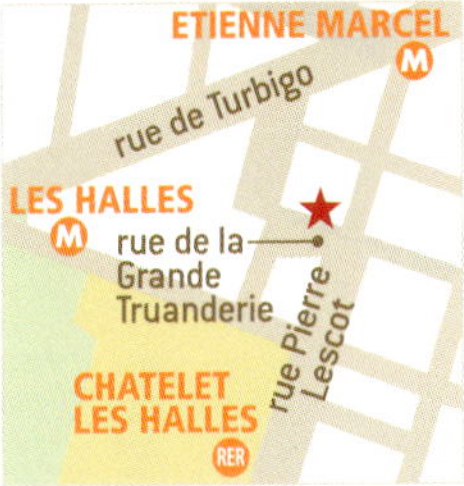

Pharamond ファラモン
24, rue de la Grande Truanderie 75001 Paris
☎33・(0)1・40・28・45・18
Ⓜ LES HALLES、ETIENNE MARCEL
㊔12時～14時30分、19時30分～23時
㊡月、8月に3週間

Plateau de fruits de mer

海の幸の盛り合わせ

ブロンの河口で育ったカキを主役に、エビ、カニの朱色も華やかな冬のご馳走。

フランスのカキが消えちゃう？　もしかしたら、しばらくカキが食べられないかもしれない？　というオソロシイ予想を耳にしたのはたしか一昨年、それともその前の年だったか。フランスのカキ養殖に使われる稚貝がウイルスに汚染され、大量死しているというニュースが事の始まりだった。

フランスのカキは過去何度も絶滅の危機に瀕し、そのつど日本やカナダから稚貝を輸入して復活してきた。今回も三陸のマガキを手配したはずだが、震災で無理だったらしい。うまく稚貝が手に入っても、それが育つには数年かかる。しばらくの間はカキの数が激減

「レカイエ・デュ・ビストロ」特製の豪華な「海の幸の盛り合わせ」38ユーロ。機会があったら平ガキ12個＋伊勢エビのメイン＋デザートの「伊勢エビセットメニュー」55ユーロも試したい。グエナエルさんは故郷リーク・シュール・ブロンに、夏期のみ営業の直営レストランも開いている。

して値段も高騰するだろう。

カキを大量に食べるのが難しい場合は？　そう、「海の幸の盛り合わせ」という手があります。他の貝類やエビが加われば、カキが少なくても満足できるはず。ただ、脇役のツブ貝や各種エビにいたるまでどれも新鮮でおいしい店、というのはなかなか見つからない。

■■汚染のないブロン川で育った平ガキを堪能する。

そんなある日、11区の人気ビストロ「ポール・ベール」の横に、立派な魚介専門レストランがあることに気がついた。ここは「ポール・ベール」のオーナー夫人、グエナエルの仕切る店で、そもそも彼女はブルターニュの平ガキの名産地リーク・シュール・ブロンの出身だという。

魚介専門店って、高級そうでちょっと苦手だなーと思っていたのだが、入ってみたら本店同様、ビストロ風の気楽な応対が心地よい。安心して「海の幸の盛り合わせ」を注文する。とうてい食べきれない量が出てくるのがコワいので、用心してふたりで一人前。

しばらくしてテーブルに運ばれてきた大皿には、3種の生ガキが計10個、ハマグリ2個、アサリ4個、大きなバラ色エビ10本、カニ半身。やっぱり一人前にしておいてよかったー。すべてブロンから直送の海の幸は、申しぶんのない新鮮さで、しかも幸運なことにブロンのカキはウイルスの被害を受けていないらしい。ちなみに、現地ではブロンを「ベロン」と発音するのだそうです。

ハシバミの香りがするという平ガキを、まず汁ごとすすり込む。続いて、ブロン川の上流で一年間育てたというスペシャルを味見。さっぱりとして香り高い平ガキと、バターのように濃厚なスペシャルの、どちらも甲乙つけがたいおいしさにため息が出るばかり。品薄だと聞いた窪んだタイプのカキも、ちゃんと2個入っている。

そして予期せぬ驚きだったのが、茹でたバラ色エビ。ふだん魚屋で買ってくるエビなど

上：デザートには季節によって風味の変わる「マカロン」9ユーロ。これは栗。
下：19世紀末に始まったパリ－ブレスト間の自転車競技にちなんで作られた、歴史のある菓子「パリ－ブレスト」9ユーロ。

見向きもしない夫が、ひとつ食べたとたんに真剣な顔で次々に皮を剝き始めた。たしかに「エビっておいしかったんだ！」と叫びたくなる味の良さ。すごく得した気分です。

白ワインを傾け、ライ麦パンをかじりながら海の幸を食べ続けたら、予想通りお腹はもうほぼいっぱい。後はデザートで終了となったけれど、もう少し海のものを味わいたかったら、もちろん舌平目や伊勢エビのメインを取ってもいいし、この「海の幸の盛り合わせ」にプラスしてタマキビ貝やツブ貝を取るのもいい。

これなら稚貝が大きくおいしく育つまで、焦らずに待てますね。

L'Ecailler du Bistrot レカイエ・デュ・ビストロ
20-22, rue Paul Bert 75011 Paris
☎33・(0)1・43・72・76・77
Ⓜ FAIDHERBE CHALIGNY
㊇12時～14時30分、19時30分～23時
㊡月、日、8月

Galette"La Bretonne"
黒ブーダン入りガレット

モンパルナスから遠い場所にも、おいしいクレープの店が増えている！

20年以上も昔のこと、フランスに越して来たばかりでまだパリに不案内な私を、モンパルナス駅近くのクレープリーに連れて行ってくれたのは、パリ生活の先輩スズメちゃんだった。

メトロのエドガー・キネ駅からモンパルナス大通りに延びる緩い坂道の両側にはずらりとクレープの店が並んでいて、「どの店でも大した違いはないのよ」とスズメちゃんが言ったのをいまも覚えている。そしてその言葉通り、テキトウに選んで入った店のクレープが本当においしかったことも。

以来クレープが食べたくなるとモンパルナスに行き、いまはお気に入りの店もちゃんと数軒あります。ただ最近、「どの店でも大した違いはない」はずの味が、店によってはかなり低下していることを発見。ブルターニュから列車でパリに着いたブルトン人が駅の周りに店を開いた、という伝説の時代はもう遠い昔になり、観光客相手のいい加減な店が増えたみたい。

そんなある日、モンパルナスからはセーヌをはさんで反対側のオペラ地区で、お昼に飛び込んだクレープリーがモンパルナス顔負けの味だったのには正直びっくり。

■■ 自然な甘みが味を深める、そば粉の塩味ガレット。

「ル・キャップ・ブルトン」というその店、9区のゴド・ド・モロワ通りにも支店があり、どちらも昼どきは近所の勤め人で満員。

初回に食べたそば粉のガレット「ラ・フォレスティエール」は、キノコ、卵、チーズに炒めた玉ねぎがたっぷり入っていた。玉ねぎの甘さが香ばしいガレットとよく合って、そこにトロリと流れる卵の黄身がさらに満足度を高める。そば粉の生地の焼き具合がしっとりソフトなのも、具が気前よくしっかり入っているのも嬉しい。

最近は、ラクレットチーズの入った「サヴォワ風」とかトマトと生ハムの「イタリアン」とか、あまりブルターニュっぽくない具を選ぶ客が意外に多いのだが、私はぜったい純ブルターニュ路線。

で、2回目に行ったときも黒ブーダンとリンゴ入りの「ラ・ブルトンヌ」を注文。豚の血と脂でできた黒ブーダン料理にはリンゴの甘みと酸味を加えるのが常識だけれど、ガレットでもこのリンゴの甘さが深い味わいを加えていて、濃厚なのにしつこくない。塩味ガレットには、玉ねぎとかリンゴとかの自然な甘みが加わると、俄然おいしさが引き立つのだ。いままでは比較的あっさりタイプを好んで注文していたが、極めつきのガレットといえば、

さっくり焼けたそば粉のガレットの中から黒ブーダンと炒めたリンゴが顔を出す「ラ・ブルトンヌ」9.20ユーロ。これは昼のアラカルトで。他に内臓ソーセージの「アンドゥイユ」入りなども美味。

クレープのお供にひんやりと冷たいシードル。アルコール度が低くてリンゴの香りが爽やか。9区の支店(昼のみの営業)は、28, rue godot de Mauroy 75009 Paris ☎33(0)1・42・65・04・65 ㊡土、日

トロリと甘い塩バターキャラメルのクレープは4.40ユーロ。シンプルな砂糖+バター味のクレープもいい。昼のセットメニューでは、塩味ガレットとデザートのクレープにシードルがついて13.50ユーロ。

こちらに軍配が上がるかもしれない。

続くデザートの甘いクレープには、砂糖とバター味というのが基本。最近の若い子たちの間ではシナモンクッキー風味の「スペキュロス」なんかも好まれている。でも私は最後まで甘さとブルターニュにこだわって、こってりした塩バターキャラメルのソース。

最近はパリのクレープリーも多様化して、6区あたりでは高級感のあるインテリアにグルメなアレンジのクレープを出す店も登場しているけれど、そしてそれはたしかにおいしいのだけれど、やはりちょっと違う、という気がする。

ガレットもクレープも、ブルターニュの人々の素朴な暮らしが生んだ味。作る側も食べる側もその基本を忘れないようにしなきゃね。

Le Cap Breton ル・キャップ・ブルトン
12, rue Monsigny 75002 Paris
☎33・(0)1・42・96・41・78
Ⓜ QUATRE SEPTEMBRE
㊔11時45分〜14時30分(月)
11時45分〜14時30分、
19時〜22時(火〜金)
12時30分〜14時30分、19時〜22時(土)
㊡日、祭

Kaotriade (Cotriade)
コートリアード

獲れたての魚介類を贅沢に使った、ブルターニュ風ブイヤベース。

その国土の形から、フランスはよく「レグザゴーヌ（六角形）」と呼ばれるけれど、その6つの角の左上、つまり西にずっと突き出しているのがブルターニュ半島だ。

パリのモンパルナス駅から列車に乗って西へ西へと向かうと、豊かに耕された緑の農地や牧場がいつの間にか人の手の入らない原野に変わり、丈の低いエニシダやヒースの群れ咲く荒涼とした風景になってゆく。風が吹き、海岸線は入り組んでいて海の色も昏《くら》い。ブルターニュは小麦が穫れない貧しい土地なので、そばを栽培しクレープを常食とした、という話がひときわ真実味を増してくる。

けれどブルターニュは、内陸でアルティショー、カリフラワーなどの野菜が栽培され、海ではカニやエビ、近海魚の獲れる豊かな土地だ。パリ郊外のわが家にも、ブルターニュ直送のジャガイモ売りのトラックがよくやってくる。

ただ、ブルターニュの旅で何がおいしかった？　と質問されると、いつも「クレープ、そ

「シェ・ミシェル」の「コートリアード」は、昼夜とも3品で32ユーロのセットメニューに入っている。

STAUB

れに魚……」と口ごもってしまうのは、あまり料理らしい料理を食べた記憶がないからだ。クレープ以外のブルターニュの看板料理って何だろう。

■■海の幸に肉類に野菜、素材を生かした鉄鍋料理。

クリームやバターを多用するノルマンディと違って、新鮮な魚介類や肉、野菜をそのままさっぱりと食べさせるのがブルターニュ流、と言えるのかもしれない。海辺の牧草で育った仔羊や野生のカキはよけいな手間を加えなくてもじゅうぶんおいしいから、何度となく旅しても、つねにその素材の味しか印象に残っていないのだ。

そんなブルターニュ料理の真髄を知りたいな、と思っているとき、パリの北駅近くにある人気ビストロ「シェ・ミシェル」で、期せずして最高のブルターニュ料理を味わう機会に恵まれた。

この店はブルターニュ出身のティエリー・ブルトン氏がオーナーシェフ。パリには南西料理専門店ならいくらもあるけれど、クレープ以外のブルターニュ料理の店は少ないので、いつ行っても定番のブルターニュ風鍋料理が注文できるこの店の存在は貴重だ。

海の幸を味わいたかったら、鯖やタラ、マテ貝、アサリなど魚介類がたっぷり入った「コートリアード」。ブルターニュ風ブイヤベースと言われるけれど、サフランやウイキョウが強く香る地中海のブイヤベースとはかなり異なって、あっさりしたトマト味に新鮮な魚や貝の出汁がよく利いた優しい味。そして大ぶりのジャガイモやポアロねぎの美味なこと、

「ブルターニュ風ポトフ」はブルトン語でKig ha farz。香ばしいベーコンの味が印象的。綴りがkで始まる言葉はブルトン語特有で、ブルターニュの地名にも多い。

紫キャベツにウズラの肉をあしらったサラダ。温かくて甘酸っぱい味が食欲をそそる。フレンチドレッシングのサラダに慣れた舌には、ちょっと不思議で新鮮な味の前菜。

シュー生地にアーモンドのプラリネクリームをはさんだブルターニュのデザート「パリ-ブレスト」。「パリーブレストーパリ」は世界最古の自転車競技で、パリーブレスト間1200kmを往復。

ブルターニュの野菜の素晴らしさがわかる。匂い消しに入れられたオレンジの皮や、大きなニンニク。鉄鍋いっぱいのスープを平らげても、ちっとも胃にもたれないのだ。

大地の恵みを味わいたいなら、同じく鉄鍋で供される「ブルターニュ風ポトフ」。香りよく焙ったベーコンや仔牛のすね肉、キャベツで巻いたそば粉のダンプリングなど、まるでおでんみたいに楽しい具の入った煮込みで、脂分を抑えてあるから食べやすく、干しぶどうの甘みが食欲をそそる。

素材のうま味を最大限に引き出しながら、主張し過ぎず抑制の利いた「シェ・ミシェル」の味。それは、ケルトの地から海を越えてブルターニュに流れ着き、その土地を耕して生きてきたブルトン人の伝統の味、なのだろう。

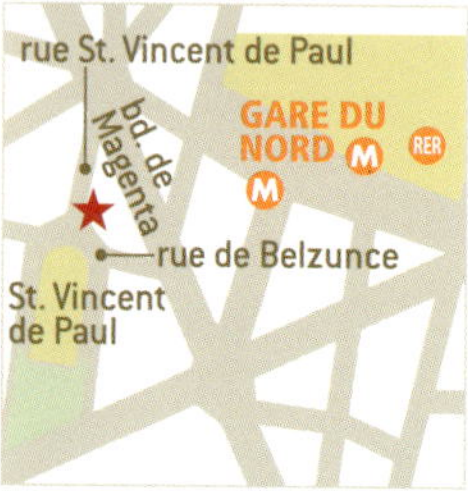

Chez Michel シェ・ミシェル
10, rue de Belzunce 75010 Paris
☎33・(0)1・44・53・06・20
Ⓜ GARE DU NORD
㊌19時～24時(月)
12時～14時、19時～24時(火～金)
㊡土、日、7月末から4週間

Salade de rillons tièdes au vinaigre de framboise
フランボワーズ酢を使った温かいリヨンのサラダ

ロワール河の旅の途中で見つけたような田舎風の食堂で豚の角煮を味わう。

13区の国立ゴブラン織製作所の裏の道に、私たちが昔から懇意にしているバスク料理店がある。先日もそこに寄り、さて帰ろうと外に出ると、すぐ隣に「ラ・トゥーレーヌ」と大きく看板を掲げたレストランがあるのに気がついた。

いや正確にいえば、そういう店があるのには昔から気づいていたし、一度は食事したこともあったような気がするのだけれど、ただの定食屋さんとしか思わなくて、隣のバスクの味のほうにすっかり集中していたのだ。

店名から察するに、これはロワール河沿いのトゥーレーヌ地方料理店ではないか、と思って入口のメニューを見ると、大当たり。前にロワール河のおいしいもの取材をしたとき、その味に感心したトゥール名物の「リヨン」があるぞ。

「リヨン」というのは、塩と香草とワインでマリネした豚肉の塊を、白ワイン、肉汁、ラードの中で時間をかけて煮た贅沢なお惣菜。ちょっと中国料理の豚の角煮にも通じるうま味がある。
その味を思い出したら我慢できなくなって、数日後にまたゴブランの裏通りに出かけていった。

■ロワール河沿いの町々は、隠れたおいしい味の宝庫。

それは、むかしビエーヴル川が流れていたという緩やかにうねった道で、緑の濃い公園に面して空が大きく広がった、パリとは思えないのどかな場所。2軒並んだレストランは、まるで陽当たりのいい田舎の広場にあるように見える。

「ラ・トゥーレーヌ」の店内に入ると、その印象はさらに強まった。

私と夫はよく、予約もせずに足の向くままフランスの田舎を旅行することがあるけれど、そんな旅の途中、あまり観光客も来ないような村でふらっと飛び込んだレストラン、みたいだ。

メニューには「リヨン」の前菜が2種ある。ひとつは、これもトゥール名物のリエットを組み合わせた「リヨンとリエット」。もうひとつは薄切りリヨンを加熱してフランボワーズ(ラズベリー)の酢をかけ回し、サラダ菜にのせた「温かいリヨンのサラダ」。どちらもシャルキュトリで買ってくれば自分で作れそうな皿だけれど、変に手を加えず、リヨンのおいしさを最大限に生かしているのがいい。特にサラダのほうは温められたリヨンがさらに風味を増し、そこに果実の香りが加わって、いかにもフランスらしい味わい。肉の量がかなりあるので、小食な人はこれだけで満腹になりそうだが。

まわりは黒っぽいけれど、薄切りにするときれいなピンク色のリヨン。骨がついたままカットされた「温かいリヨンのサラダ」は単品なら12.20ユーロ。30ユーロの定食にも入っている。

「リヨンとリエット」の前菜、11ユーロ。トゥール産のリエットとリヨンの薄切りにサラダ菜を添えたもの。リエットを塗ると思わずパンを食べ過ぎてしまう。

こってりクリーム味の「羊の胸腺と腎臓のトゥール風」。30ユーロの定食から。昼には13ユーロの定食もある。トゥール近辺は豚肉製品が有名。

メインには「羊の胸腺と腎臓のトゥール風」。さっと炒めてクリームを注いだ2種類の内臓の食感の違いがおもしろく、サワークリーム添えの焼きジャガイモも素朴な味で、すべてが田舎風の気取らない愉しさに満ちている。

馬の鞍の掛かった壁、梁の出た天井、洗いざらしのナフキンと、店のしつらえも素朴だが、値段もまったく地方並み。30ユーロの定食には前菜、メイン、チーズ、デザートの他に25ccのワインまでついてしまうのだ。

のんびり寛いだ雰囲気の店内には家族連れや年配のカップルが多く、隣の部屋は、常連客のお祖母ちゃんの100歳のお祝いとかで、賑やかな笑い声の合間に詩の朗読やスピーチが聞こえていた。

こういう店に出会うと、素顔のフランスを見た、という気がする。

La Touraine ラ・トゥーレーヌ
39, rue Croulebarbe 75013 Paris
☎33・(0)1・47・07・69・35
Ⓜ LES GOBELINS
営12時～14時30分、
19時～22時
休日、8月

Omelette
オムレツ

よく冷えた白ワインのお供には、キノコのたっぷり入った大きなオムレツ。

アルマ橋からシャン・ド・マルスに向かってまっすぐ南に延びるラップ大通りは、両側に並木のある立派な広い道路で、軍隊の行進などにはお似合いだけれど、あまりおいしいモノにはめぐり会えそうもない感じの道だ。

アールヌーヴォーの建築家ラヴィロット設計のアパルトマンが道の途中にあるので、それを見に何度か来たことはあったが、その建物の向かいに一軒のワインバーがあるのは先日初めて気がついた。

眺めると、窓辺にはワインの瓶がずらりと並び、「サンセール」の文字が目に飛び込む。思えば去年、サンセールワインを飲むつもりで入ったワインバーで、飲み損ねて悔しい思いをした（109ページ〜参照）。これはいいチャンスと、とりあえず店内に入ってみる。

立派な道路にあるのだからエラそうな老舗なのかと思ったら、内部は質素で昔風のしつらえ。時代を経てくすんだ壁や天井は、ワインバーというより地方の古い旅籠といった趣きで、正面のカウンターでは新聞片手にオッサンがグラスを傾けている。

とにかく心はサンセールの白を飲むことに集中しているので、料理は黒板にあった「ジロル茸のオムレツ」を迷わず注文した。改めてメニューを読むと、印刷された品数はあまり多くなくて、ここでも主役はオムレツのようだ。

■■コクがあるけど爽やかな、サンセールの白ワイン。

オムレツといえば、ずいぶん昔に石井好子や伊丹十三（ホントに古い！）の本で本格的オムレツの話を読んで、「そうか、オムレツはフランスが本場なのだ」と感心したものだ。でもフランスに来てみたら、カフェでも家庭でも、オムレツというのは単に卵をぐるぐるかき回して焼いただけの、料理とはいえないもので、香草入りと言ったってパセリがパラパラしてあるだけ。味もついてなくて、自分で塩胡椒、という場合も多い。

ところが。この店「ル・サンセール」で、よく冷えた一杯の白ワインとともに運ばれてきたオムレツの素晴らしかったこと！　皿からはみ出るほどの大きさで、膨らんだお腹から

大きくて香りのよいキノコ入りの季節のオムレツ14.50ユーロ。ジャガイモ、ハム、チーズ、香草入りオムレツは季節を問わずに食べられて、13.50ユーロ。肉料理はちょっとカンベン、というときにぴったり。

白ワインで蒸し焼きしたアンドゥイエット（臓物のソーセージ）は脂が抜けてさっぱりと柔らかく、食べやすい。カリカリのジャガイモソテーを添えて。18.50ユーロ。デュバルのアンドゥイエットは5A認定の一品。

定番のデザート「タルト・タタン」には、たっぷりと生クリームのシャンティイをかけて。8.50ユーロ。オムレツ1品ではちょっと口寂しい、というときに。夏にはキッシュやピサラディエールなどの軽食も出す。

ジロルの匂いが立ちのぼる。シャキシャキと歯触りのよいキノコと、羽二重のように襞を寄せた卵の柔らかさ。肉とも魚とも野菜とも異なる卵ならではの濃厚な味に、ジロルの香りが重なって、何かとても豊かなものを口にしている、という気分になる。コクがあるけれどすっきりと爽やかなサンセールは、なるほどこの卵の料理にぴったりだ。

2度目に訪れたときは、ジロルがセップ茸に替わっていた。こってりと味の濃いセップも悪くなかったけれど、個人的にはジロルの歯応えがとても気に入っている。あいにくキノコのない季節でも、定番のジャガイモやハム、チーズの入ったオムレツは一年中味わえるから安心だ。

夫と行ったときは、名店デュバルのアンドゥイエットをサンセールの白ワインで蒸し焼きにしたのを、サンセールの赤とともに味わったが、これまたけっこうなお味だった。心のこもった料理があれば、品数なんて問題にならない。

「朝ごはんにオムレツを食べたい人もいるから、うちは朝8時から営業しています」と、この道54年のご主人ギヨームさん。朝から飲みたい人にも便利です。

Le Sancerre ル・サンセール
22, avenue Rapp 75007 Paris
☎33・(0)1・45・51・75・91
RER PONT DE L'ALMA
㊇8時～16時、
18時30分～22時30分(月～金)
8時～16時(土)
㊡日、1/1、8月後半の3週、
12/25～12/31

地方産のおいしいものをパリで買うには。
フランス南部の食材

フランスの食材で世界的に有名なものといえば、やはり「フォアグラ」。フォアグラはフランス各地で作られていて、みな「ウチの特産」と言っているから、いったいどこが本場？　と思うけれど、鴨やガチョウがいるところならフォアグラは作れるんですね。

で、やはり南西地方、特にランドのものが良質とされている。15区にある「エクセル」はランド地方から直送の鴨肉製品を扱うブティックで、フォアグラの缶詰、真空パックの半生のフォアグラ、鴨肉でフォアグラを包んだ前菜など選択肢が豊富。またフォアグラは年に何回も買えない贅沢品だけれど、それ以外に鴨肉やジェジエ（砂肝）のコンフィ、鴨の燻製の薄切りなど、毎日のお惣菜になるような珍味がたくさんあるのが嬉しい。

フォアグラは、マレ地区にある「デュック・ド・ガスコーニュ」とか、6区と8区に店舗を持つバスク食品の「ピエール・オテイザ」でも扱っているから、好みの味を探してみよう。「ピエール・オテイザ」は、ピレネーの山間で豚肉加工品の生産からスタートした店なので、生ハムやパテも素敵だし、エスプレットの赤唐辛子のピュレや粉末、それを使ったピリ辛のパテなどもこの店ならでは。最近はサンミシェルにも新店舗ができて、サンドイッチなどイートインが楽しめる。「デュック・ド・ガスコーニュ」では、とても味のいいレンズ豆のスープの缶詰を見つけた。どの店でも、フォアグラ以外の安い食材に興味を示すので、ちょっと困った顔されてしまうのだけれど。

＊

南の地方の食材でも、プロヴァンスのオリーブ油とかラングドックのカスレとかは、ふつうのスーパーやお惣菜店でもよく見かけるのだが、コルシカの食べもの、というとなかなか手に入りにくい。レストランはけっこうあるのに、不思議。

で、唯一知っているコルシカ・エピスリが、オペラ地区の裏通りにある「ユ・スプンティニュ」。いつも昼どきにはサンドイッチを買う人の行列ができているので、ただのおかず屋さんと思いがちだが、よく見ると、コルシカならではのロンゾとかコッパといった味の濃い生ハムや内臓ソーセージのフィガテリが棚に吊るされ、製菓用の栗の粉末や羊の生チーズ「ブロッチオ」もあって、コルシカの匂いが充満している。たいてい混んでいて、あまりウロウロと品定めができないのが残念だけど。活気のある店です。

その他「ドメーヌ・ド・ランティヤック」とか「コロソル」など、この本で紹介しているレストランでも食材を販売しているところがあるので、注文の皿が来るまで観察してみよう。

「デュック・ド・ガスコーニュ」の「レンズ豆のスープ」3.90ユーロ（左）と、ソーテルヌで香りをつけた「鴨肉のムース」3ユーロ（右）。

「エクセル」のフォアグラ缶入り（100g）は15.80ユーロ。保存がきくのでお土産に便利。

フォアグラを芯に巻き込んだ鴨胸肉のローストの真空パック。調理済みなので、このまま人数分に切ってテーブルに。18.43ユーロ。

黒々と干し上げられた「ユ・スプンティニュ」の内臓ソーセージ「フィガテリ」。外観も匂いも強烈だけれど、島の人にはこれが郷愁を誘う味。

● Excel エクセル
248, rue de la Convention 75015 Paris
☎ 33・(0)1・48・28・11・47
㊡日午後、月 Ⓜ CONVENTION
● Ducs de Gascogne デュック・ド・ガスコーニュ
111, rue Saint Antoine 75004 Paris
☎ 33・(0)1・42・71・17・72
㊡日 ⓂSAINT PAUL
● Pierre Oteiza ピエール・オテイザ
13, rue Vignon 75008 Paris
☎ 33・(0)1・47・42・23・03
㊡日 ⓂMADELEINE
＊ピエール・オテイザ / サンミシェル店
18, boulevard Saint Michel 75006 Paris
☎ 33・(0)1・43・25・59・01
㊡日 Ⓜ SAINT MICHEL
● U Spuntinu ユ・スプンティニュ
21, rue des Mathurins 75009 Paris
☎ 33・(0)1・47・42・66・52
㊡土、日 Ⓜ HAVRE CAUMARTIN

エスプレットの唐辛子を使った「ピエール・オテイザ」の製品。右から「赤唐辛子の粉末」6.20ユーロ、「赤唐辛子のピュレ」4.10ユーロ、「赤唐辛子入りパテ」2.20ユーロ。

Bœuf bourguignon
ブッフ・ブルギニヨン

ブルゴーニュの地酒をたっぷり注いで、何時間も煮続けた最上の牛肉。

ブルゴーニュ地方を初めて旅行したのはもう数十年も昔のこと、中世の巡礼路の起点のひとつ、ヴェズレーを訪ねるためだった。

サント＝マドレーヌ聖堂の美しいロマネスク彫刻を堪能したあと、ふもとの旅籠「シュヴァル・ブラン（白馬亭）」に泊まって、夕食に注文したのがエスカルゴとブッフ・ブルギニヨン。どちらもブルゴーニュならではの名物料理だ。ブッフ・ブルギニヨンは、日本のレストランでもおなじみのトマトやデミグラスソースを加えた濃い赤色のビーフシチューを想像していたら、登場したのはくすんだ黒紫色のサラサラしたソースに浸った肉塊だった。玉ねぎもニンジンも紫色に染まって、「なんだかドブみたいな煮込みだね」と言いながら味わったのだが、これが忘れられないほどのおいしさ。

ブッフ・ブルギニヨンのレシピを見ると、ワインで一晩マリネした肉塊を拭って焼くとか、煮えた香味野菜を濾して加えるとか、いろいろ手間をかけて作ることになっているが、この店のはどう見ても焼き色をつけた肉塊にドボドボとワインを注ぎ、野菜も丸ごと放り

「オ・クリュ・ド・ブルゴーニュ」の定番「ブッフ・ブルギニヨン」21ユーロ。前菜にエスカルゴも取ったら、もう気分はすっかりブルゴーニュ。

シェリービネガーのソースをかけた「仔牛のレバーステーキ」25.50ユーロ。焼き加減も申し分なく、ソースの酸味がさっぱりとして食欲をそそる。

込んでそのまま煮続けたものとしか思えない。手抜き大好き人間の私にはピッタリで、以降この作り方を見習うことにしたのだった。

■■いい赤ワインを使えば、それだけ味も深くなる。

ブルゴーニュを旅行していると、緑の丘に放牧された白い牛の群れを方々で見かける。これがフランスの肉牛としては最上といわれるシャロレ種の牛たちだ。この味のいい牛肉を、同じく特産のブルゴーニュワインで煮込んだのが名物「ブッフ・ブルギニヨン」だが、この料理はいまやブルゴーニュに限らず、パリの定食屋でも今日の料理としてしばしば登場する、フランス伝統的家庭料理の代表のような存在になっている。たしかに、牛肉＋赤ワインならフランス中どこでも作れるはず。でも、ここはひとつ発祥の地にこだわって質のいいブルゴーニュの赤を合わせ、本格的な一皿を楽しみたい、というなら、旧中央市場レアールの北の、モントルグイユ通りから入った横町にある「オ・クリュ・ド・ブルゴーニュ」に行くのがいい。

1932年から3代続くブルゴーニュ名物料理とワインの店で、現店主ブーヴィエ氏のお祖父さんがブルゴーニュ人（ちなみにお祖母さんはコルシカ出身なので、コルシカ風前菜も食べられる）。

ここのブッフ・ブルギニヨンは、マリネせずに肉をひたすら煮込む派。4時間以上も煮込み、いまにも繊維が崩れるくらいほっくりと煮えた大きな肉塊に、黒紫色ならぬ濃い葡萄酒色のソースがさらっと絡む。良質のワインを惜しげもなく使ったと思われるこのサラサラソースのおかげで、大きな肉がいくらでも食べられてしまうのだ。一緒に煮込んだベーコンの香りも効いている。付け合わせはバターたっぷりのマッシュポテト。合わせるワインはメルキュレのプルミエ・クリュ。昼なら軽くボージョレでもいいですね。

そういえば、ブルゴーニュのワイナリーを見学して買った高級ワインを、大事にとっておき過ぎて味が変わり、涙を呑んでブッフ・ブルギニヨンに使ったことがある。その美味だったこととといったら！　あの味を再現したい、とときどき思うけれど、高いワインを飲まずに鍋に注ぐなんて……やっぱり無理。

Aux Crus de Bourgogne
オ・クリュ・ド・ブルゴーニュ
3, rue Bachaumont 75002 Paris
☎33・(0)1・42・33・48・24
ⓂETIENNE MARCEL
㊮12時～15時、19時30分～23時
㊡土、日、1/1、12/25

Escargot
エスカルゴ

香り高いニンニクバターとともに味わう、大粒のカタツムリのつぼ焼き。

もう何年も前のことだけれど、友人のカップルが新婚旅行で、フランスの田舎を予定も定めずにドライブしたときの話。

ディジョンから南下して、緑の葡萄畑が一面に広がるコート・ドール（黄金の斜面）の丘陵地帯を走っていたら、あまりに美しくて気持ちがいいので、その辺の民宿で一泊することにした。夜が明けて、朝食の前に宿の周りを散歩しようとふたりで砂利道を歩き出すと、砂利が足元でカシャッと砕ける。朝日のなかで目を凝らせば、砂利と思ったのは小道を埋めつくしたカタツムリだった、という。

たしかにブルゴーニュ地方はエスカルゴの産地。葡萄の葉を食べて育った大粒のカタツムリに、ニンニクとパセリ入りの緑のバターを詰めて焼いた「ブルゴーニュ風エスカルゴ」は、フォアグラと並ぶフランスの美食の代表だ。高カロリー・高脂肪という点でもフォアグラに負けていないが。

ただフォアグラがいまだにクリスマス&年末料理の王者であり続けているのに、エスカルゴは最近あまり見ない。それは現地ブルゴーニュのカタツムリが、農薬のせいで激減しているからだという。レストランでエスカルゴがメニューにあったら、それはたいてい東欧産の冷凍か缶詰で、味のほうもいまひとつ。だから、食べる人も減ってしまうという悪循環になる。

■■柔らかなエスカルゴに、最高級のバターを詰めて。

南マレのフランソワ・ミロン通りを歩いていたら、「オ・ブルギニヨン・デュ・マレ」と大きく看板を掲げた明るいワインバーを見つけた。この地域でこんなご当地っぽいネーミングは珍しいが、ブルゴーニュワインを売りにしている店らしく、そしてメニューにはちゃんとエスカルゴがある。

火曜から金曜までの昼の日替わりメニューにも、コック・オ・ヴァン（鶏の葡萄酒煮）などいかにもブルゴーニュらしい料理が並んでいて、見た瞬間に「あ、ここのエスカルゴはきっと現地のもの」と確信を持った。

登場したのは、通常の殻入りではなく、薄茶色のぐい飲みみたいな陶器に入ったエスカルゴ。グツグツと煮え立つ緑のバターの中に沈んだ大ぶりの身をすくって口に運ぶ。白ワインと水で何時間も下煮するという身は柔らかく香ばしく、同じエスカルゴでも、南の地方でとれるプチ・グリ種よりさらにソフトな食感。そして器に満たされたニンニクバターが、この料理の味の決め手だ。脂肪の塊だからふつうなら半分以上残すのだけれど、あま

前菜メニューにある「6個のエスカルゴ、ブルゴーニュ風」12ユーロ。ソースを残さずに食べるとかなりヘビーなので、その場合はメインを軽めに。

ブルゴーニュワインを贅沢に使った「ブッフ・ブルギニヨン」はストウブの黒い鉄鍋で供される。22ユーロ。ソースがサラッと軽くて食べやすい。

ムレットソースをかけた贅沢な前菜「ウフ・ポシェ(ポーチドエッグ)」9ユーロ。トロトロの卵の黄身に赤ワインのソースを絡め、トーストにのせて食べる。

りの香りのよさ、味のよさに、気がついたらパンを浸してすっかり平らげてしまっていた。とびきり良質のバターでなくては、こうはいかない。

このエスカルゴのつぼ焼きは人気メニューらしく、見回すと他のテーブルにもこの陶器があり、明るい店内はニンニクとバターの芳香に充ちている。殻の色に似た薄茶のつぼは、伝統の味を新鮮な気分で食べさせるため、か。

殻にバターを詰めて焼くばかりに下ごしらえされたエスカルゴを、魚屋で買って自宅で食べるのも楽しいけれど、その場合は産地を確かめましょう。カタツムリの下ごしらえはかならず殻を外して煮込むのだから、殻付きが新鮮、ということにはならないのです。

Au Bourguignon du Marais
オ・ブルギニヨン・デュ・マレ
52, rue François Miron 75004 Paris
☎33・(0)1・48・87・15・40
Ⓜ SAINT PAUL
営12時～23時(火～木)
12時～23時30分(金、土)
休 日、月、2月に2週間、8月に2週間

Fricassée de grenouilles fraîches
カエルのフリカッセ

不思議な素材もおいしい料理に変える、ブルゴーニュ人の美食追求の力。

カタツムリはなんとかＯＫでも、カエルはちょっと……という人多いんじゃないだろうか。好き嫌いのない私だって、あの緑色の可愛い雨蛙だの、でっかい茶色のウシガエルを見て食欲は湧きません。

フランスにはカエル料理があって、昔から犬猿の仲のイギリス人に「蛙を食べるヤツら」とバカにされているという話は知っていたけれど、それを敢えて食べてみようという気にはなれなかった。

だいたいフランスでは、カタツムリと同様にカエルも農薬の影響で数が激減しているらしい。ふつうのレストランやビストロでカエル料理は見たことがないし、記憶にあるのは中国料理店の冷凍カエルの腿の唐揚げくらい。

■■ 火曜日に入荷するという、新鮮なカエルを味わう。

ところが、先日入った9区のブルゴーニュ・レストランでメニューを見ていたら、特別扱いの緑色の字で「カエルのフリカッセ、ドンブ風」とあるのが目に留まった。

「カエルのフリカッセ」は前菜に取るなら14ユーロ。メインなら28ユーロ。フィンガーボウルが添えられてくるから、遠慮なく手づかみでバリバリ食べたい。

この店「ブルゴーニュ・シュッド」は、ブルゴーニュといってもソーヌ河沿いにずっと南に下ったマコンのワインと料理が売りのビストロ。美食の街ディジョンとリヨンのちょうど間に位置し、カジュアルで気持ちのいい白ワインを産するところだ。ドンブというのはマコンからリヨン寄りに広がる湖沼地帯で、昔はきっとたくさんカエルが獲れたのだろう。お薦め看板料理なのだからまずいはずはないよね。それに「入荷次第」とも書いてあるから冷凍じゃないし。と考えているうちにだんだんカエル料理が食べてみたくなってしまった。運ばれてきたのは、ニンニクとバターのいい香りを放ちながらグツグツと煮え立っている黒いストウブの鉄鍋だ。

目を凝らせば、ウズラの腿よりさらにちっちゃなカエルの下半身が十数個も大股開きになって湯気を上げている。ありゃ、ちょっとカワイソウ、と一瞬弱気になったけれど、カワイソウはモノを食べる際には禁句なのだ。気を取り直して、手づかみで口に運ぶ。骨の細さ、肉の軽さがそのまま味になったような、何とも繊細な味わい。こんなデリケートな味の肉は初めてだ。鶏肉に似ていると言われるけれど、鶏よりずっと柔らかく香りがいい。それをバターとニンニクの芳香が包む。

昔のレシピにあるように小麦粉をまぶして揚げるのではなく、シンプルに一度炒めて、それを溶かしバターとパセリとニンニクで仕上げます、とご主人のジルさん。マコン生ま

ディジョンの名物料理とされる「ジャンボン・ペルシエ」9.50ユーロ。塩漬け豚肉とパセリを寄せて固めた贅沢なハムで、紫玉ねぎとセロリのサラダ添え。

ブルゴーニュの代表料理「ブッフ・ブルギニヨン」14ユーロ。牛の頬肉をこってりした赤ワインソースで柔らかく煮込んである。マッシュポテトを添えて。

マカロン生地の皮にヌガーを塗り、バタークリームをたっぷりはさんだ「リデアル」9ユーロ。マコンのM.O.Fパティシエ、ジョエル・ノワィエリのお菓子。

れの彼は、ワイン選びにも料理のソースの濃度にも、頑固にマコン流を貫いている。そういえばデザートに出た「リデアル」というお菓子も、現地のパティシエの手になるもので、濃いバタークリームの味が印象的。

ところで、フランスのカエルは農薬のためすでに食用が禁止されて、現在はトルコかアルバニアから輸入しているらしい。冷凍ではない新鮮なカエルが毎火曜日に入荷するというから、フリカッセを食べたければ、火・水あたりに行くのがいいですね。

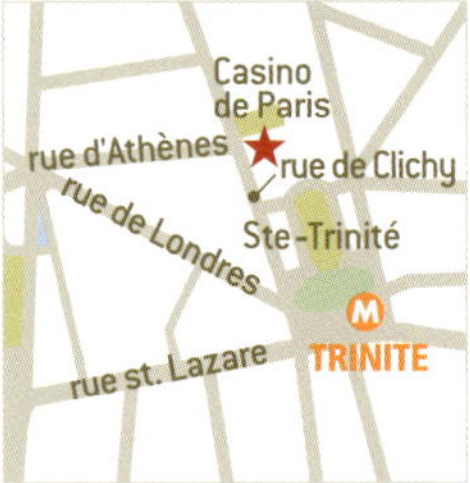

Bourgogne Sud ブルゴーニュ・シュッド
14, rue de Clichy 75009 Paris
☎33・(0) 1・48・74・51・27
ⓂTRINITE
㊖12時～14時30分、
19時～22時30分（月～金、祭）
19時～23時30分（土）
㊡日、1/1、2月に1週間、8月に3週間

Quenelles de brochet
川カマスのクネル

リヨンの街のブションで食べた、あのフワフワのクネルの味をもう一度。

リヨンの街にはＴＧＶの駅がふたつあるけれど、私がリヨンに行くときは、たいていペラーシュ駅に列車が到着する。

ここからまっすぐに繁華街と巨大なベルクール広場を抜けて北上すると、旧市街の入り組んだ路地にブションと呼ばれるリヨン独特のビストロが点在する、私の大好きな一角に入るのだ。ローヌとソーヌのふたつの大河にはさまれた細長い半島のヘソとも心臓ともいうべきこの地域に宿を取れば、川の向こうのローマ遺跡や中世の史跡を訪ねるにも便利だし、だいいち食べるものに不自由しない。

リヨンの街を訪れたのはなぜか暑い季節が多くて、この街が緯度的にはかなり南にあるということを、陽射しの強さで感じる。

カフェのテラスで涼みながら冷たい地ワインを傾け、夕食はもちろんブションで。リヨン風もつ煮込みの「グラ・ドゥブル」か、それとも「豚足」にしようか、とさまざまに想いを巡らせる幸せな時間。

そんなリヨンの印象が強いから、パリでも「ブション」という文字を目にすると、迷わず飛び込んでしまう。ブションというのは、ボジョレに代表される地ワインが飲めて、リヨン伝統料理が食べられる店。リヨンは「美食の都」といわれて数々の名シェフを輩出し、その「オニオンスープ」や「たんぽぽサラダ」はフランス料理の典型と思われているけれど、パリのふつうのレストランやビストロではあまり目にしない、ブションならではの一皿というのもある。

たとえば「タブリエ・ド・サプール」という、牛の第一胃（ミノ）を使った揚げもの。柔らかく下煮した胃壁をパン粉で包んで大きなエプロン状に揚げたもので、内臓が苦手な人にはお薦めできないけれど、香ばしく不思議な食感。

また、お惣菜屋さんでよく売られている川カマスのすり身「クネル」も、典型的ブション料理だ。

■■数ある名物料理の中で、まず試したいのがこれ。

パリに何軒かあるブションの中でも「クネル」のおいしい店といったら、最近見つけたモンパルナスの「ロポルタン」。

リヨンの路地裏の庶民的で騒がしいブションと比べると、ちょっとシックでお客も静かだけれど、リヨンらしいヘビーな食材を使ったクラシックな料理が得意で、ボジョレの品揃えもなかなかだ。

川カマスをすり身にして卵、小麦粉、バターと合わせ、スプーンで紡錘形に成型して茹でたクネルには、はんぺん風とつみれ風の2タイプあるが、「ロポルタン」ではフワフワの

下煮した牛の胃壁にエスカルゴ用ソースを塗り、パン粉で包んで揚げた「タブリエ・ド・サプール」19ユーロ。兵隊が塹壕を掘るとき使う前掛けに形が似ているので、この名がついた。

「ロポルタン」の川カマスのクネルは20ユーロ。オーヴンで焼き上げるので20分待つのを覚悟して、とのこと。舌を焼きそうな熱さが快い。

はんぺんタイプのクネルを、ザリガニのナンチュアソースで覆ってオーヴンで焼き上げる。クネルもソースも軽く、まるでよく膨らんだスフレのようだ。

「鶏肉のクネルもときどき作ります。クネルには八角かペルノー酒を隠し味に加えるのがリヨン風」というご主人のセルジュさんは、リヨンの北西にあるロアンヌの出身。この町にはあのトロワグロ兄弟のホテル・レストランがある。

「50～60年代、ヴァカンスに車で地中海に向かうパリの人々がちょうどこのリヨン近辺で一泊して、トロワグロもポール・ボキューズもそれで評判になったんですよ」

ちなみにブション料理とは、もともと、朝市の買物を終えて10時ごろに食べる「マション」という軽食が原型だという。リヨンの人の胃袋って、やっぱり特大なのだ。

L'Opportun ロポルタン
62, boulevard Edgar Quinet 75014 Paris
☎33・(0)1・43・20・26・89
Ⓜ EDGAR QUINET
㊢12時～15時、19時～23時30分
㊡日

Mont d'Or fondu
モン・ドールのフォンデュ

寒い季節限定のチーズ「モン・ドール」を木箱ごと温めた、山国のご馳走。

日本にいたころ、お正月休みはほとんどスキー場で過ごしていた。フランスに来たらシャモニーだの、アルベールヴィルだの、アルプスの山麓で思いきり滑れるぞ、と期待していたのに、雪山に足を運ぶ回数がずっと減ってしまったのは、年のせいだけじゃない。スキー場の食事が、フランスの他の田舎に比べて単調で情けないからだ。その代表が「チーズ・フォンデュ」。この料理、日本の旅館のお仕着せ鍋料理によく似てると思う。材料を並べて温めてハイでき上がり、っていう手抜き感が、ね。

で、サヴォワ地方の料理というのにかなり偏見を持っていたのだけれど、バスチーユの東の下町に新しくできた「ル・シャレ・サヴォワイヤール」を見て、おや?と思った。ここは２００９年までラテン系のクラブだった場所だが、新装一転、スキー場にあるような木の外装でガラス張りの明るい山小屋に生まれ変わっている。

そして何よりも印象的だったのは、メニューの豊富さだ。「ラクレット」などの定番チーズ料理はもちろん、山国のソーセージ「ディオ」、牛の塩漬け干し肉「グリゾン」など、珍しい味がいろいろ。玉ねぎとジャガイモとチーズを炒めた名物「タルティフレット」も、ベーコン入り、セップ茸入りなど何種類もある。そんな中に「モン・ドール」という単語を見つけて、思わず目が輝いてしまった。

■■樅の木の香りのチーズをハムや干し肉に添えて。

「モン・ドール」というのは、じつはサヴォワ地方ではなく、すぐ北のジュラ産のチーズ。上品でクリーミーで「チーズの王様」と呼ばれる高級チーズだが、ふつうはクレムリーで買って自宅で食べるもので、レストランで出しているのをあまり見たことがない。いったいどういう料理になるのだろうと、俄然好奇心が湧いてくる。

さて、木のプレートに載って静々と運ばれてきたのは、生ハムやグリゾン、サラミなどシャルキュトリ盛り合わせの大皿と、茹でジャガイモ。そして熱い鉄板の上では、樅の経木の枠に入ったままのモン・ドールがぐつぐつと煮え立っていた。なるほど、この熱々モン・ドールをハムやジャガイモに絡めてラクレットやフォンデュみたいに食す、というわけだ。

一般のフォンデュに使われるコンテやグリュイエールと比べて、モン・ドールは味が優

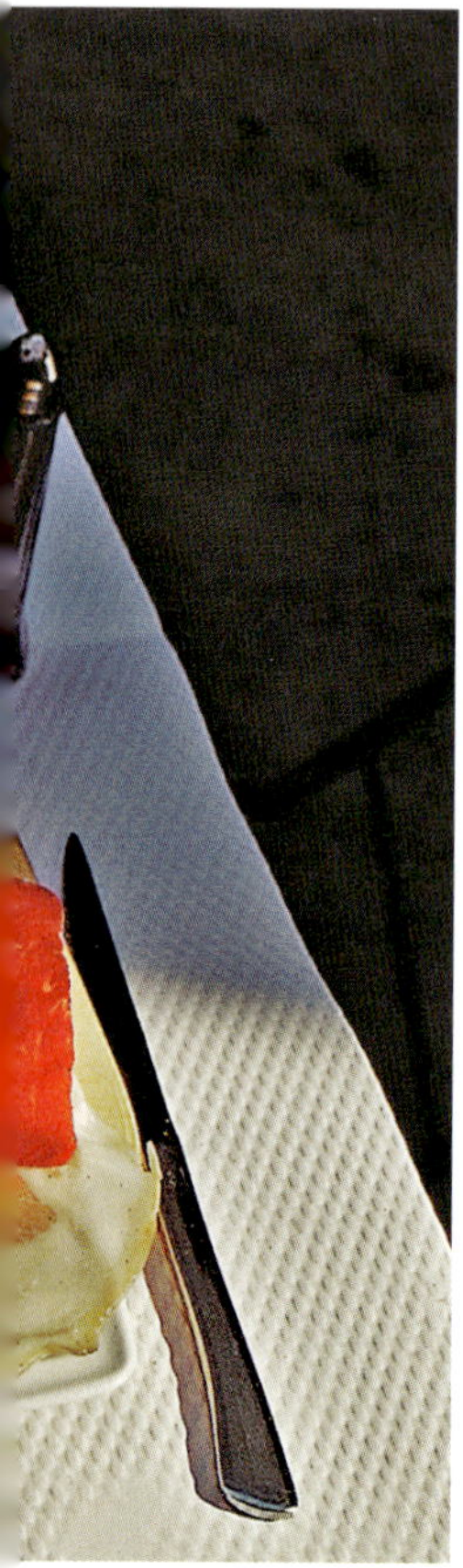

「モン・ドール」は、ジュラやサヴォワの山岳地帯で作られるヴァシュランというタイプのチーズのひとつ。
４種類のシャルキュトリに茹でジャガイモ、ミニサラダ、ピクルスもついたセットが23ユーロ。

しく繊細なので飽きずにいくらでも食べられる。いろいろなシャルキュトリの味わいを食べ比べ、合間には添えられたグリーンサラダやピクルスで口をさっぱりとさせて、またモン・ドールのふくよかで官能的な世界へと戻ってゆく。よく冷えたアプルモンの白

グラタン皿で供される「タルティフレット」。これはグリゾン（牛の塩漬け干し肉）入りで16ユーロ。他にベーコン入りやセップ茸入りもある。

をすりながら、気がつけば大きな経木箱入りのチーズを、すっかり底までこそげて食べてしまっていた。

　気の合った仲間たちとわいわい騒ぎながら囲むラクレットやフォンデュも、日本の鍋パーティみたいで確かに楽しいけれど、たいてい注文は2人前以上となっている。その点、このモン・ドールはひとりでも楽しめるところがいい。

　最近、学生向けのファストフードっぽいラクレットの店が増えているが、それとは一線を画した「ル・シャレ・サヴォワイヤール」。

　粉雪が舞う冬の一日、サヴォワの山々に思いを馳せながら、熱いチーズを味わう。

　2013年もまたパリで年越しになってしまった。

Le Chalet Savoyard
ル・シャレ・サヴォワイヤール
58, rue de Charonne 75011 Paris
☎ 33・(0) 1・48・05・13・13
Ⓜ LEDRU ROLLIN
㊥12時～14時30分、
19時30分～23時30分
㊡1/1、12/25

地方にはこんなおいしい飲みものがある。
フランス人の好むお酒と清涼飲料水

フランス暮らしになじんだら、「食前の一杯」というものがなかなか楽しいことに気がついた。日本だと、明るいうちに飲む、ということにはちょっと罪悪感が伴う。アルコール中毒になっちゃうんじゃないか、なんて気がとがめたりして。

でもここフランスでは、仕事が終わってカフェで飲む一杯のビール、友達と食事の前に落ち合って傾ける白ワインの、なんて気持ちいいこと。特に夏は。一気に飲むんじゃなく、チビチビすすりながら、夕陽を浴びてとにかく喋る、喋る。家に招待された場合とかだと、アペリティフで最低1時間は話し続ける。

そのための食前酒が各種あるけれど、私はマスカット葡萄で作った「ミュスカ」という甘ーい白ワインが好き。中でも南部フロンティニャン産のものがいい。これはどんなスーパーでも売っている。

男性なら、アニスの匂いが強烈な「パスティス」。水を加えるとカルピスみたいに白濁するこのリキュールは、マルセイユの名物で、慣れるとクセになる味。「Ricard」「Pernod」「51」などの銘柄があるが、これもスーパーで買える。

＊

でも最近のフランスの若者は圧倒的にビール派らしい。アルザスの大メーカーのものが一般的に飲まれているけれど、地方には独特の地ビールがあって、北の町ギュイーズを訪ねたとき、牛のラベルのついた可愛い瓶の「ヴァレーヌ」がとても気に入った。ブルターニュでもリールでも地ビールがおいしくて、でもパリではその味に出会えない。と思っていたら、最近カルフール・マーケットでパリのビールを売っているのを見つけた。エッフェル塔のついた瓶入りのこれは、パリ南東の郊外で作られている正真正銘の地ビール。話の種に飲んでみるといい。

＊

ブルターニュ物産店「ティ・ミャン・ゴズ」では、地元の生産者から届く手作りシードルを各種置いていて、珍しいシードルのロゼとか、他では味わえない珍品が見つかる。シードル以外にも、ブルターニュに行けばみな飲んでいるという「ブレズ・コーラ」が楽しい。フランス国内ではコカ・コーラ、ペプシに次いで第3位の販売量を誇るそうで、15%のシェアを占めているとか（ホントかなー）。

＊

蒸留酒の世界でも、ノルマンディ産のカルヴァドス、アルザスのミラベルのリキュール、アンティーユのラム酒など、素敵な飲みものがたくさん。これら強いお酒はたいてい食後酒として飲まれる。

フランスの飲みものでいちばん大事なのはもちろんワインだけれど、これはひと口には語れないので、また次の機会に。

「リカール」は、マルセイユの男どもがバーのカウンターでひっかけるパスティスの一種。食前酒としてはちょっと味が強過ぎる気もするけれど。

ギュイーズの地ビール「ヴァレーヌ」。牛の顔の絵が地方色満点でカワイイ。軽いラガータイプから黒ビールまで各種あるが、現地でしか買えない。

香りのいいフロンティニャンの「ミュスカ」。口当たりが良くて思わず何杯も飲んでしまうので、食前酒としてはちょっと危険かも。女性に特に好まれる。

カルフール・マーケットで売られているパリの地ビール「パリジ」。ラベルはお洒落だけれど、ウーン、味は田舎の「ヴァレーヌ」のほうがいいなー。

「ティ・ミャン・ゴズ」で見つけたブルターニュから直送の手作りシードルは辛口タイプ。クレープ屋さんでも、食事のときは辛口(brut)を注文したい。

これが噂の「ブレズ・コーラ」。ブルターニュに行った人に訊いたら、本当に現地ではコカ・コーラよりブレズ・コーラのほうが幅を利かせているそう。

Steak bavette d'aloyau

牛の腰肉のステーキ

特産のオーブラック牛を使った、オーヴェルニュ・カフェの看板メニュー。

パリのカフェの元を作ったのは、オーヴェルニュの人々だという。

オーヴェルニュ地方は山の多い土地で小麦が育たなかったから、人々は牧畜で暮らし、手の空く冬期にはパリに出稼ぎに行った。水運び屋をやり、炭屋をやり、そして19世紀末になると、その炭屋の片隅で地酒や飲みものを売るようになった。それがカフェの始まり……という話は、カフェの歴史本にかならず書いてあることだが、なんといまでもパリのカフェの大部分がオーヴェルニュ出身者によって運営されているという。

でも現在のパリのカフェは洗練されてしまって、オーヴェルニュらしい雰囲気は微塵もない。往時の「カフェ・シャルボン（炭屋兼カフェ）」を偲ばせる、そしてオーヴェルニュの地酒とシャルキュトリが味わえるような店って残っていないものだろうか？

そんなとき、パリのミニコミ紙『オヴニー』の編集者で料理通のマコトさんがタイミングよく連れて行ってくれたのが、10区のサンマルタン市場の横にある「ル・レヴェイユ・デュ・ディジエム」だ。

腰肉のステーキ（13.80ユーロ）には
ふつうフライドポテトがつくけれど、
これはオーヴェルニュ名物のトリュ
ファード（ジャガイモと玉ねぎとカン
タルチーズの炒めもの）を添えても
らった。+1.50ユーロ。

カンタル県出身のヴィダランク夫妻が始めたこのカフェ、いまは娘のオーレリーとその夫のピエールが店を受け継ぎ、オーヴェルニュ独特の郷土料理と安くておいしい地酒を出してくれる。

堅苦しいレストランと違って、早朝からカウンターでオッサンたちが一杯やっているし、昼には学生や勤め人が今日の料理一品で簡単なお昼ごはん。夕方ともなればパテや生ハムをつまみにビールやワインを楽しむ人々、本格的な肉料理や内臓料理を目当てにやってくる常連で、席を見つけるのが難しいほどの賑わいとなる。

■■ステーキを食べるなら、だんぜん赤身肉がいい。

お薦めはなんといっても産地直送の牛、豚肉だ。冬の厳しいオーヴェルニュで、秋の終わりに一家総出で作る豚肉加工品は、素朴だけれど味わい深い。しっとり、ずっしりしたテリーヌを田舎パンに厚く塗り、地酒を口に含めば、それだけで何時間も過ごせそう。

実際、日本の飲み屋風に延々と酒を飲み続ける連中もいるけれど、せっかくこの店に来たのだから、山の牧草地で育ったオーブラック種やサレール種の牛の肉を食べてみたいもの。

フランス人の大半は大のステーキ好きだが、彼らのいう「ステーキ」は、日本の「箸でちぎれるような霜降り肉」とは対極にある、うま味の詰まった赤身肉だ。

「ル・レヴェイユ・デュ・ディジエム」では2人前800グラムのリブロースステーキ、と

前菜には自家製テリーヌ(5ユーロ)を。かなりの量なので、ふたりで一皿を分け合ってもいい。

オーヴェルニュのチーズといえば、何といっても「カンタル」5.20ユーロ。ずっしりと重くコクがある。これでワインをもう一杯追加。

牛肉のたたき「タルタルステーキ」には玉ねぎとケイパーがたくさん入っている。12.80ユーロ。ケチャップやタバスコは好みで加えてもいい。

いう特別メニューもあるけれど、これはとうてい完食できそうもないので断念し、バヴェット（腰肉）のステーキを注文。キノコソースをかけて運ばれてきた肉は、これだって立派に200グラム以上ありそうな大きさ。歯応えがあって、噛むとじわっと肉汁がしみ出してくる。夢中で食べていると、生きることに直接つながるような野性的な歓びが湧いてくる。肉を食べるってこういうことだったんだ。

生の牛肉を包丁で叩いて玉ねぎやケイパーで味つけした「タルタルステーキ」も質のいい牛肉ならではの一品だし、羊の内臓の煮込み「マヌー」も珍しい。

とにかくこの店に来たら肉をお腹いっぱい食べること。肉食人種の気持ちが少しわかるようになる。

Le Réveil du 10ème
ル・レヴェイユ・デュ・ディジエム
35, rue du Château d'Eau 75010 Paris
☎33・(0)1・42・41・77・59
Ⓜ CHATEAU D'EAU
㊝12時15分～15時、19時30分～23時
カフェ：7時30分～翌1時
㊡日、8月に3週間

Aligot
アリゴ

フランス中央山地の風土から生まれた、不思議なジャガイモ料理。

フランスを汽車で旅していると、山の多い日本から来た人間にはまるで夢のような、よく耕された畑や牧草地の風景が限りなく続く。アルプスとピレネーの山々を除けばフランスの国土の大部分が、なだらかに広がる緑の森と平野であることに改めて気づくのだ。そんな旅の中でちょっと様子が違うのが、「マシフ・サントラル」と呼ばれる中央山地のあたり。石灰岩の台地に千メートル級の火山が点在するこの一帯がオーヴェルニュ地方で、フランスでは長いあいだ貧しく閉ざされた地域ということになっていた。

寒暖の差が大きいから小麦が育たず、その代わり牧畜が盛んで、おいしい牛肉やチーズ、豚肉加工品が作られる。厳しい自然の中で暮らす人々は、我慢強くて無口で働き者。そんなオーヴェルニュ人がパリのカフェの元を築いた、という話は前のページでも書いたけれど、そのオーヴェルニュ精神の見本みたいなレストランを、ほんの数カ月前、パリはシャトレの路地裏で見つけたのだった。

事の始まりは「アリゴ」だった。オーヴェルニュ地方に独特のこのジャガイモ料理は、茹

でてマッシュしたジャガイモに生クリームや牛乳を加え、ニンニクの香りもつけて熱する。最後に細かく切ったトムチーズを混ぜて絶えずかき回してゆくと、あら不思議、マッシュポテトは柔らかく波打ち、糸を引いてつきたてのお餅のようになるのだ。熟成前のフレッシュなトムチーズを使い、また作りたての熱々を食べるので保存がきかないから、パリのレストランでこれを出す店は多くない。

リヴォリ通りの裏のワインバーで飲んで帰った夫に「すぐ向かいの店にアリゴがあったよ」と言われて、さっそく食べに行ったのが、メトロのシャトレ駅からセーヌ河岸に向かう路地にある「ア・ラ・テット・ドール」だった。

■ 肉料理の付け合わせには、チーズ味のジャガイモ。

オーブラック産の「メゾン・コンケ」の牛肉を石焼きするのが看板のこの店、肉料理の付け合わせのフライドポテトを、プラス5ユーロでアリゴに替えてくれる。私はルエルグ産の仔

どんぶりみたいな大きなボウルに熱々のアリゴがたっぷり入った「アシエット・ダリゴ」13ユーロ。アリゴの味を心ゆくまで堪能できる。「仔羊のロースト、アリゴ添え」にすると19.50ユーロ＋5ユーロ。

羊のローストにアリゴを添えてもらったけれど、滑らかなアリゴと、肉汁のしたたるバラ色の仔羊の相性のよかったこと。もちろん夫の頼んだ胡椒ソース添えのオーブラック牛も、肉のうま味が濃縮されたみごとな赤身で、この場合、焼き具合は断然レアにしなければいけません。「肉塊はちょっとツライ」という胃袋の繊細な人は、アリゴだけをどんぶり一杯注文する

デザートには、これもクラシックな「タルト・タタン」11ユーロ。こってりと濃厚な甘みが懐かしい。その他に「洋梨のクランブル」なども。

ことも可能。若者仕様の店が増えるレ・アール地区で、ここは昔風の肉料理とアリゴを頑固に出し続ける典型的オーヴェルニュ人の店なのだ。

じつをいうと、オーブラックって現在の行政区ではオーヴェルニュじゃなく、少し南のアヴェロン地方になる。でもかつてオーヴェルニュの範囲はもっと南寄りで、現在のアヴェロンの一部まで含んでいた。だからオーブラックやルエルグの人たちは、いまでも自分を「オーヴェルニュ人」だと言う。この旧オーヴェルニュ地方はまた、現在のフランス語とは異なるオック語を使っていた地域の最北端。

アリゴはそんな旧オーヴェルニュの歴史に育まれた料理なのだ。

A la Tête d'Or ア・ラ・テット・ドール
6, rue des Lavandières Sainte Opportune
75001 Paris
☎33・(0)1・42・36・85・91
Ⓜ CHATELET
㊮12時～14時30分、19時～22時30分
㊡土、日、8月初めの3週間

Chou farci
シュー・ファルシ

清らかな水の流れる町ル・ピュイの、新鮮な野菜や豆の味を生かして。

地中海で夏を過ごす、というのは、フランスに来た人間が一度はやってみたいと思っていること。私たち一家も、フランス暮らし数年目にしてその希望が実現したのだけれど、果てしなく青い空、強烈な陽射し、乾燥した地面にすっかり圧倒されて、帰路にモンペリエからニームに移動したころには、太陽はもうカンベン、という気分になっていた。

だからニームから鉄道で北に向かい、町外れの駅に降りて、カテドラルのある丘の町目指して歩き出したときの、涼しい高原の空気には生き返る心地がしたのだった。

白と黒の石造りの大聖堂も山の礼拝堂も岩盤を利用して建てられ、全体にゴシックで霊気の漂うそのル・ピュイの町は、中世から巡礼路の起点として栄えてきた。

町には前々世紀に作られた共同井戸があり、その水栓からほとばしる水のなんと冷たく芳しかったことか。海岸では決して飲む気になれなかった生水を、手のひらに受けて、それこそスポンジが水を吸うみたいに飲み続けた。

美しい手編みレースの店が並ぶ町のカフェやレストランでも、水を頼めば出てくるのは当然のように瓶に入れた井戸水で、市販のボトルではなかった。水の印象ばかりが強くて、そこで何を食べたかをまったく覚えていないのは残念だが、じつは水の飲み過ぎでお腹をこわしてしまったのだ。

そんなル・ピュイの印象が急に蘇ってきたのは、パンテオンの丘にあるレストラン「シャンテレル」を訪れたときのこと。

前菜の温かいレンズ豆のサラダ9.90ユーロ。上にのった仔豚の頬肉の脂漬けも柔らかく味わい深い。ピュイのレンズ豆はEUで認定された優秀な食材に与えられる称号「AOP」を受けている。

半熟卵に、オーヴェルニュ特産の青カビチーズ"フルム・ダンベール"のソースを流しかけた「ウフ・ポシェ」10.90ユーロ。ブルーチーズより臭みは少なく、乳脂肪分の高いこってりとした味わい。

オーヴェルニュ料理店としてはすでに評判の高いこの店、道から少し引っ込んだ入口の造りも内部のインテリアも、パリの街なかのレストランとは思えない、地方の古いホテルみたいな雰囲気だ。あの岩山から切り出したような黒い石を積んだ壁、石と植物で構成された中庭、そしてほの暗い室内に流れる水の音。オーナーのフレデリックさんがル・ピュイの出身と聞いて、ああやっぱりと思った。

■■ 岩山の上に作られた町は、最高級レンズ豆の産地。

ル・ピュイのあるオート・ロワール県は、中部山岳地帯でオーヴェルニュ地方の南東の端。産物といえばまず挙がるのがレンズ豆だ。各地で生産される黄や茶色のレンズ豆とは一線を画し、ピュイの深緑色のレンズ豆はＡＯＰの称号を受けた最高級の品質を誇る。

私もよく自分でレンズ豆のサラダとか付け合わせを作るけれど、「シャンテレル」の前菜のサラダを食べたとたん「負けた」と思った。粒がしっかりとしているのに柔らかい、絶妙

「ブリーヴ風シュー・ファルシ」21ユーロ。この店の代表料理のひとつで、ソースが香り高くサラッと軽い。
店では山の特産のリキュールやジャム、ソーセージも販売している。

の煮え具合。まだ温かいのを酢油ソースで和え、豚肉のコンフィの薄切りを散らしたこのサラダは、まさにル・ピュイの味の代表かもしれない。

でもそれに続いて出てきた「シュー・ファルシ」がまた素晴らしかった。牛挽き肉にマッシュルームやソーセージ用の豚挽き肉を混ぜた柔らかい種を、キャベツで巻いて煮込むフランス風ロールキャベツ。山国オーヴェルニュの名物料理だけれど、この店のものはステキな香りがして、かなり巨大なのにさっぱりと軽い。

豆もキャベツも、水に恵まれたル・ピュイの大地に育つ質素な食材。でもその豊かさは、水と同様、口に含めばすぐにわかるのだった。

ChantAirelle シャンテレル
17, rue Laplace 75005 Paris
☎ 33・(0) 1・46・33・18・59
Ⓜ MAUBERT MUTUALITE
㊡12時～14時(月)
12時～14時、19時～22時(火～金)
19時～22時(土)
㊡日、祭、1/1、8/1～8/15、12/25

Assiette de charcuterie complète
シャルキュトリの盛り合わせ

夏の夕べを過ごすには、一本のワインと一皿のハム、ソーセージがあればいい。

この話は、そもそもまったくの誤解から始まったのだった。

お惣菜屋さんの並ぶ17区のトクヴィル通りで、ちょっと気になるワインバーを見かけたのが、事の始まり。店先にワインの樽が出ているところ、年代を経ていい感じに古びた外観、黒板の料理の内容に、これは正しい銘酒屋かも、と私の体内アンテナが反応した。

看板には「オ・プティ・シャヴィニョール」とある。すっきりとした辛口白ワインで有名なサンセールから谷を下ったところにあるシャヴィニョールの村は、小さくて風味のいい山羊乳チーズの産地。

おお、この店では山羊チーズを肴においしいサンセールのワインが飲めるぞ、と喉が鳴った。白だけでなく赤のサンセールもとびきり素敵なのは、過去に何度かこのベリー地方を訪ねて体験ずみ。

で、数日後に夫とふたりでさっそくこの店にやって来たのだが。

あれ？　メニューにも黒板にもサンセールの文字がない。店主が薦めるのはもっと南のワイン、ボジョレ。つまみに「シャルキュトリの盛り合わせ」とシャヴィニョールのチーズを取って、やや不納得な気持ちのまま飲み始めたのだったが、この盛り合わせの素晴らしさがすべてを◎にしてしまった。

■■ ベリー地方ではなく、アヴェロンの銘酒と珍味。

生ハムやドライソーセージはもちろん、自家製テリーヌにニンニクソーセージ、臓物の腸詰めアンドゥイユにリエット。ふたりでもなかなか食べきれないほどの分量がある。柔らかめで肉の味が濃いドライソーセージも手作りのテリーヌも、ワインの友はやっぱりこれじゃなくちゃ、とため息が出てしまう正統派のおいしさ。メニューを改めて見ると、どうもこの豚肉製品はすべて南のルエルグやアヴェロン地方の産物らしい。

店主のベルナールさんと話しているうちに、ようやく勘違いがわかった。彼がこの店を仕切る前のオーナーはほんとうにシャヴィニョール出身だったらしい。いまでも店名をそのまま残し、シャヴィニョールの山羊チーズもメニューに入れているけれど、ベルナールさん自身はアヴェロン地方ライヨールの出身で、だからお酒もつまみも南のものが中心。この店は2006年と2007年の「金のビストロ」賞も取っている。

夕方からワインを飲むには、前述の「シャルキュトリの盛り合わせ」や「アヴェロンのチーズ5種盛り合わせ」など取ればじゅうぶんだが、ちゃんと食事をしたい人には日替わり料理がつねに何種かあって、「ロールキャベツ」だの「ハムとアンディーヴのグラタン」だの、

これがシャヴィニョール村特産の山羊チーズ「クロタン・ドゥ・シャヴィニョール」7.10ユーロ。このチーズをトーストにのせた温かいサラダも、フランスでは前菜として好まれる。

サツマイモの濃いポタージュにフォアグラを浮かべた、こってり味の今日のスープ。フランスでサツマイモという食材を使うのはわりに珍しいが。12.50ユーロ。

「シャルキュトリの盛り合わせ」は、フランス豚肉加工品の豊かさを手軽に味わえる一品。量が多いから、前菜として取るならふたりで1皿にするといい。11.20ユーロ。

いかにもフランス南部らしい家庭料理が味わえる。昼はアルコール抜きでこの「今日の料理」を食べに来る客も多く、カウンターにひとり座ってさっさと一皿食べて帰るオバアサンなど、なかなか格好がいいものだ。

食事の最後に、ちょっと熟成が進んで味わいの濃くなったシャヴィニョールの山羊チーズを食べると、さらにワインが欲しくなる。日本の居酒屋風の寛いだ雰囲気に、つい「サンセールが飲めないなんて」とベルナールさんに文句を言って、「この商売はもともと、オーヴェルニュやアヴェロンの人間が多いんだから」と笑われた。

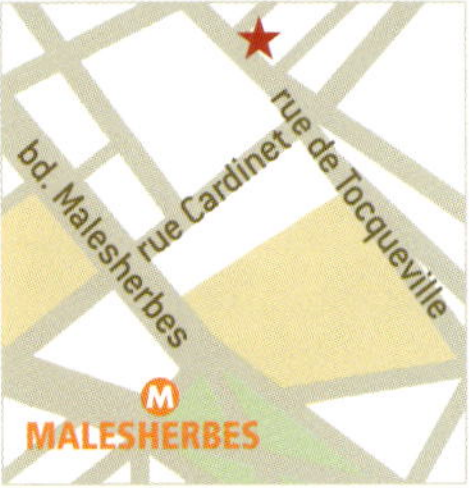

Au Petit Chavignol
オ・プティ・シャヴィニョール
78, rue de Tocqueville 75017 Paris
☎33・(0)1・42・27・95・97
Ⓜ MALESHERBES
㈫12時～15時、19時30分～23時30分
㉁日、祭、1/1、12/25

Carpaccio de foie gras de canard
鴨のフォアグラのカルパッチオ

フォアグラは高級食材だけれど、産地直送の店で気軽に味見してみよう。

フォアグラとかトリュフとかキャビアとか、珍味といわれるけれど値段のやたら高い食材に、長いあいだ拒否反応があった。だってその何分の一かの金額でふつうのパテやキノコ類やタラマペーストが食べられるし、それでじゅうぶんおいしくて満足できるんだもの。たまに気張ってそういう食材を買っても、選び方や料理の仕方がよくわからないので、結果はあまりおいしく思えないという悪循環。

そんな偏屈な心を開いてくれたのは、バスクレストラン「オーベルジュ・エチェゴリー」のアンリさんが作るフォアグラだった。ノエルが近づくと、アンリさんから「フォアグラができてるよ。取りにおいで」という電話がかかってくる。彼のフォアグラはポルトを利かせた、香り高く味のしっかりしたもの。それを心置きなく味わったおかげで、パテやテリーヌとは違うフォアグラのおいしさが、ようやく心に刻み込まれた。

けれどアンリさんは、7年前に心臓の発作で亡くなってしまった。

ノエルの季節になるとアンリさんのフォアグラが懐かしくて、やっぱりイヴのためにフォアグラを買わなくちゃ、と思う。自分で買うようになってわかったのは、値段も質もピンからキリまで千差万別、ということ。アンリさんのそれがいかに質が高かったか、いまになってよくわかる。スーパーの安売りは避けて、アルザスや南西地方の物産専門店で、できれば味見をして買うのが安全。

■■山間の村から運ばれた鴨や胡桃やフォアグラ。

最近気に入っているのは、コレーズ県の山間の村ランティヤックから直接送られてきた、フォアグラや鴨肉を出すレストラン「ドメーヌ・ド・ランティヤック」。

鴨やガチョウのコンフィはもちろん、胡桃ソースをかけた鴨の胸肉などコレーズらしい味わいの一品料理も楽しいし、昼は3品で12・80ユーロの充実したセットメニューも食べられるなど、近所の若者たちも気楽に寄るレストランだけれど、この店のスペシャリテはやはりフォアグラ。なにしろ8種類もの選択肢がある。鴨のフォアグラ、ガチョウのフォアグラ、ミ・キュイ（半生）、甘いソーテルヌでマリネしたもの、葡萄入りなどの中に、珍しいカルパッチオを発見したので試してみた。

粒塩と香料で、生っぽく仕上げたフォアグラを薄めに切り、胡桃オイルをさっとかけた一皿。薄味で官能的なフォアグラと、添えられたちょっと濃い味のイチジクのジャムが口の中で溶けて一体となり、「うわ！やっぱりフォアグラっておいしい」と感嘆してしまう。

鴨のフォアグラのカルパッチオには、通常イチジクの自家製ジャムが添えられるが、撮影時はちょうど季節のミラベルのジャムだった。13.90ユーロ。ワインはちょっと甘口の白。

「鴨の胸肉の胡桃ソース」13.50ユーロ。付け合わせはたっぷりのサヤインゲンと炒めジャガイモ。砕いた胡桃の香ばしさが、柔らかな鴨の肉に風味を添える。

店頭で売られている缶詰のフォアグラは4年間保存可能。真空パック入りのミ・キュイ（半生）のフォアグラは冷蔵庫で3週間。カスレやスープの缶詰もある。

各テーブルにトースターが備えられているので、田舎パンを軽く焼いてはフォアグラを塗って食べ続ける。ノエルと正月がひと足先にやってきたような気分だ。

気に入った味があれば、全製品が価格入りでわかりやすくプリントされたリストがあるから、その場で見て購入できる。カスレや鴨の砂肝のコンフィなども、缶詰になっていて持ち帰りが可能。ふつう、レストランでフォアグラメニューを頼むと追加料金だったりしてかなり高くつくけれど、この店なら明朗会計で安心です。

いいフォアグラは、高脂肪のはずなのに脂がくどく感じられず、クリームを舐めているような心地。時にはこんな贅沢もいい……かな。

Domaine de Lintillac
ドメーヌ・ド・ランティヤック
20, rue Rousselet 75007 Paris
☎33・(0)1・45・66・88・23
Ⓜ DUROC
㊔12時〜14時、19時30分〜22時30分
㊡無休

地方にはこんなおいしいお菓子がある。

幼いころの思い出につながる懐かしいお菓子たち

パリにいて、洗練された味のショコラやケーキ類を食べ慣れていると、逆に素朴な故郷の味が懐かしくなるんだろうか。

最近、パリには地方の銘菓の店が次々に開店して、どれもけっこう評判を呼んでいる。ル・ボンマルシェのそばのガトー・バスクの店「パリエス」。ＢＨＶの裏通りにあるモンタルジのプラリーヌ（砂糖がけのアーモンド菓子）の店「マゼ」。ピカソ美術館のそばのリール名物ゴーフルの専門店「メール」などなど。

地方の町に行くと、地元の菓子店や土産物屋、ドライブインなどにおいしそうな名物の菓子が並んでいて、でもお土産に買ってみるとちょっとがっかり、ということがよくある。でもパリに開店したこれらの老舗のものは、さすがにいい材料を使って、なるほどこれは美味、というレベルに達している。個人的には「メール」のゴーフルが大好きで、マレまでときどき買いに行ってしまう。シャリシャリしたヴァニラ味のクリームが印象的。

＊

６区のマビヨンにある「ラ・タルト・トロペジエンヌ」も最近の店。南仏サントロペで１９５５年に考案されたというこのお菓子、ほとんどシュークリームの味わいだが、皮がシューではなくさっくりとしたスポンジ。クリームの味がソフトで、皮に散った砂糖の粒がアクセントになって、なるほど評判になるのもうなずける。そういえば、シュークリーム専門店もいまパリで人気みたいだ。

南仏では、エクス・アン・プロヴァンスの「カリソン」が伝統的銘菓。アーモンドクリームの上下を白砂糖のアイシングではさんで舟の形にカットしてあるのが、菱餅そっくりで可愛い。オデオンのクール・デュ・コメルス・サンタンドレ横町にある南仏物産の店「プルミエール・プレッション・プロヴァンス」で買ったカリソンは、箱がきれいで嬉しかった。

＊

ＢＨＶデパートの横にある「ジラール」はもともとドラジェという砂糖菓子の製造・販売の店だったけれど、いまはドラジェだけでなくフランス各地の銘菓も集めた菓子店となっている。エクスのカリソンはもちろん、マカロンやマロングラッセ、果物のゼリーなど、懐かしい昔風のお菓子がたくさんあるので一見の価値あり。お土産の調達にも便利です。

最近は、年齢のせいかクリームやチョコレートのたっぷり詰まった生菓子を食べるのがちょっとつらくなって、そのぶんカリソンやプラリーヌの素朴なおいしさが理解できるようになってきているのかもしれない。地方で愛されているお菓子を食べていると、その土地が急に身近に感じられてくるから不思議。

「プラリーヌ」はモンタルジの町で数百年の歴史を持つ、キャラメルをかけたアーモンド菓子。チョコレートに使用するプラリネの原型。

リールの老舗「メール」のゴーフル。各2.50ユーロ。濃厚なバタークリームが魅力。他にピスタチオ味やラムレーズン味もある。賞味期限は10日間。

可愛い箱に収まった「プルミエール・プレッション・プロヴァンス」のカリソン。形も菱餅風だが、味も和菓子の練り切りや求肥に近い感じがする。

ふんわり軽い「タルト・トロペジエンヌ」。写真は一口サイズのミニタイプだが、6〜8人用の大型まで各種ある。避暑地サントロペのお洒落な菓子。

●Pariès パリエス
9 bis, rue Saint Placide 75006 Paris
☎33・(0)1・45・44・64・64
㊡無休 ⓂSEVRES BABYLONE
●Mazet マゼ
37, rue des Archives 75004 Paris
☎33・(0)1・44・05・18・08
㊡無休 ⓂHOTEL DE VILLE
●Meert メール
16, rue Elzévir 75003 Paris
☎33・(0)1・49・96・56・90
㊡月 ⓂSAINT PAUL
●La Tarte Tropézienne ラ・タルト・トロペジエンヌ
3, rue Montfaucon 75006 Paris
☎33・(0)1・43・29・09・81
㊡無休 ⓂMABILLON
●Première Pression Provence プルミエール・プレッション・プロヴァンス
8, cour du Commerce Saint André 75006 Paris
☎33・(0)1・43・26・79・72
㊡無休 ⓂODEON
●Girard ジラール
4, rue des Archives 75004 Paris
☎33・(0)1・42・72・39・62
㊡日、月 ⓂHOTEL DE VILLE

Confit de canard grillé au sel de l'Ile de Ré

鴨のコンフィのグリル

コンフィを味わうと目に浮かぶ、野を駆けまわる鴨やガチョウの群れ。

フランスの美食について語るとき、かならず出てくるのが「Sud-Ouest＝南西地方」という言葉だ。この言葉を耳にすると、フランス人はフォアグラや鴨肉、トリュフなどが反射的に頭に浮かんで、生唾が湧いてくる……らしい。

南西地方というのは、ドルドーニュからバスク地方までも含めた広い地域を漠然と指す言葉だから、場所によって食材も料理もずいぶん違うのだけれど、それらの食べものの共通ポイントは、というとそれはたぶん「鴨」または「ガチョウ」なのではないか。

20年も昔のこと、ヴァカンスでビアリッツに向かう途中、列車がボルドーのかなり先で

フライドポテトを添えた「鴨のコンフィ」14ユーロ。3品で25ユーロのムニュ・カルトでも食べられる。

停まってしまったことがある。海と砂浜、松林の向こうに野原の広がるひたすら平らな場所で、ボーッと1時間も停車していた。まだ南西部にはTGVも走らず、単線だった時代。

記憶の中にうっすらと残るその場所、ランド地方は、フランスには珍しく観光スポットが少なく、その代わり緑の森や野に農場が点在して、質のよい鶏や鴨が飼育されるところ、と後に知った。南西地方のなかでも鴨とガチョウを豊かに産する地域。そんなランドの農場から直接食材を取り寄せている郷土料理の店を、最近見つけた。

■■ 良質の鴨のコンフィを、グリルするだけのご馳走。

サンマルタン運河のほとりからサンルイ病院に向かって緩やかに上ってゆくマリ・エ・ルイーズ通りは、運河沿いのカフェやブティックの騒々しさはなくて、おいしそうな食べもの屋の並ぶ静かな通り。赤いファサードの「ル・ビストロ・デゾワ」は、名前からして「オワ(ガチョウ)」を看板にしている。ランド地方のクレールモンに友人の家族の農場があり、毎週新鮮な素材が届く、と店主のステファンが得意顔で教えてくれた。

鴨はどんな食べ方をしてもおいしいけれど、農場の腕前を知るにはやはり「コンフィ」がいい。

肉をその脂で長時間煮込み、そのまま脂に漬けて保存するコンフィは、熟成が進み、風味が増して生肉とはまた違う味わいになる。保存がきくし、調理が簡単なのでパリの定食屋でもよく使われるが、肉の味のいい良質なコンフィかどうか、が料理の決め手になる。

運ばれてきた鴨のコンフィは、サラダ菜とフライドポテトを添えただけのごくシンプルな盛りつけだけれど、軽く焼き色のついたパリパリの皮から香ばしい匂いが立ちのぼる。肉は繊維がきれいにほぐれて骨離れがよく、それでいてパサついたところがない。しっと

粒塩と粗挽き胡椒の香りが効いた「鶏レバーのフォンダン」。3品で25ユーロのムニュ・カルトの前菜から。こってり味を田舎パンに塗って味わうと、思わずパンをたくさん食べてお腹いっぱいになってしまうからご用心。

アジャン特産のプラムの砂糖煮には、ミントの味のシャーベットを添えて。昼どきには12ユーロと15ユーロの定食もあるし、カオールなど南西部の「今月のお薦めワイン」がグラスで頼めるのも気楽でいい。

り柔らかいひと切れを口に含むと、溶けた脂のうま味がいっぱいに広がって、ああ、これぞ南西地方の味、と納得がいく。付け合わせのポテトも、鴨の脂で揚げてある。

そういえば毎夏遊びに行く田舎の家でも、サラダ油やバターの代わりに鴨の脂で料理をしていたっけ。鴨の脂は動物性脂肪でもコレステロール値を増やさない、と聞いた気もする。とにかく南西地方の家の台所には、鴨の脂の大瓶が常備されているのだ。

この「ガチョウのビストロ」で南のワインを傾けながらのんびり鴨料理を味わっていると、緑の野原を走り回る鴨やガチョウの鳴き声が聞こえてくるような気がして、あ、こういうのがフランスの郷土料理なんだな、と思う。

黒板メニューにもガチョウが。鴨とアヒルとガチョウの違い、わかる？

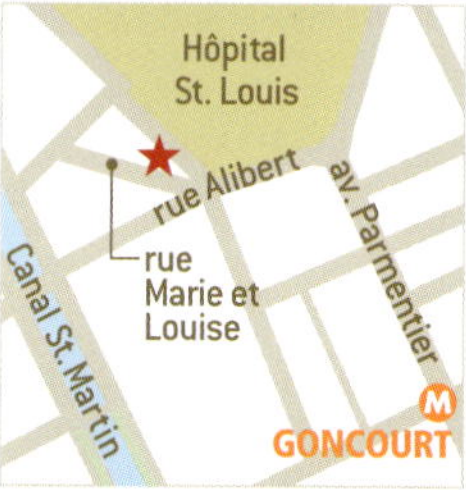

Le Bistro des Oies ル・ビストロ・デゾワ
2, rue Marie et Louise 75010 Paris
☎33・(0)1・42・08・34・86
Ⓜ GONCOURT
㈼12時～14時30分、19時～23時
㊡ 土、日、8月、12/25～1/1

Boudin aux pommes en croûte de moutarde
ブーダンとマッシュポテトの重ね焼き

こってり味のバスクの黒ブーダンを使った、ケーキみたいに可愛い前菜。

パリにあるフランス地方料理の店で、最近いちばん増えているのはバスク料理店だろう。もともとフランスの南西部は、フォアグラや鴨、羊肉など、食材の宝庫と言われるところ。ワインだって、このところ安くて味の濃い南西地方の銘柄がどんどん出回っていて、ヘビーなワイン愛好者を喜ばせてくれる。それに、ここ数年のタパスブームが重なった。「ラミ・ジャン」とか「ル・トロケ」とか、バスク出身シェフのビストロの人気も高いし、もっと軽食風にバスクの食材とワインを味わえる店もたくさんできて、ピペラードだのピレネーの羊チーズだのが気楽に食べられるようになったのは、とても嬉しい。

でも私のバスク料理への思い入れは、やはりコッテリめの生フォアグラとか香辛料の効いた黒ブーダンとか、どうしてもカロリーの高い重い料理に集中してしまう。

■パワフルで個性豊かなバスクの食材を生かして。

黒ブーダン、つまり豚の血と脂を固めた、見るからに女子が悲鳴を上げそうなこの食品は、なんとギリシャの昔からすでに作られていたものだという。ヨーロッパ各地にこの血のソーセージのバリエーションはあるし、フランスではたいていのシャルキュトリでお惣菜として売られている。

バスク料理では、これをおいしく食べさせる工夫がいろいろある。13区の「オーベルジュ・エチェゴリー」の、鴨の首肉に黒ブーダンを詰めた定番料理、「ル・トロケ」のマッシュポテトに黒ブーダンをのせた前菜など、どれもこってりしたブーダンの味を生かした、バスクらしく力強い一品。

マッシュポテトと黒ブーダンの組み合わせといえば、以前行った15区のレストラン「アファリア」の前菜が、やはりこのふたつの食材を3層に重ねたものだった。黒ブーダンの真ん中にマッシュポテトをはさみ、上面はカリッとマスタードの粒で覆ってある。黒と白のコントラストがみごとで、まるでケーキのような印象。黒ブーダンの香りと味はそのままに、ポテトが脂っこさとヘビーさを和らげて、臓物が苦手な人にも食べやすい一皿となっていた。

「アファリア」ではその当時、この黒ブーダンの重ね焼きをはじめ、バスクとランド地方の珍味を組み合わせた5つのコースのムニュ・カルトを設定して、冷たい生ホタテのタルタルに熱々のカボチャのスープを注いだり、ノロ鹿をマディランのワインで煮込んだりと、とても満足度の高い内容だった。いまはもうその重ね焼きはないけれど、その後も寄るたびに新しい味が追求されていて、進化し続けるバスク料理の今後がとても楽しみだ。

マスタードの香りがピリッと効いた「ブーダンとマッシュポテトの重ね焼き」。残念ながらこの料理はもうメニューに入っていないが、タパスコーナーでは黒ブーダンを味わえる。

「ホタテのタルタルとカボチャのクリームスープ」10ユーロ。きりっと冷たい生ホタテと熱いポタージュを別々にテーブルに運んできて、目の前で注いでくれる。

濃いマディランの赤で煮込んだ「ノロ鹿のシヴェ」。血を混ぜ込んだこってり味のソースに、付け合わせの牛乳で煮込んだパルメザン味のポレンタがよく合う。秋の味覚です。

「今日の料理」は16ユーロ。これは香料を利かせた「豚の背肉のパイナップルソース」。甘酸っぱくてエスニックな味つけが食欲をそそる。セットメニューは2品22ユーロ、3品26ユーロ。

明るいモダンな店内には、ゆっくり料理を味わうビストロのスペースと、大テーブルにハイチェアのタパスコーナーが別々に設けられている。大テーブルのほうは予約なしでもフラッと入って気楽にワインとタパスを味わうことができそうだから、こちらにもぜひ挑戦してみなければ。

私がバスク地方を旅行したのはずいぶん昔のこと。まだタパスもブームじゃなくて、バイヨンヌやビアリッツを訪ねた覚えはあっても、おいしいものを食べた記憶がない。いま思えば、なんともったいないことをしたのでしょうね。

Afaria アファリア
15, rue Desnouettes 75015 Paris
☎33・(0)1・48・42・95・90
Ⓜ CONVENTION
㊢12時～14時、19時～23時
㊡日、月、8月に3週間

Axoa de veau
仔牛のアショワ

仔牛肉を叩き唐辛子ソースで煮込んだ、バスクならではのピリ辛シチュー。

「アショワ」という名前の料理の存在を知ったのは、15区のファルギエールにあるバスク家庭料理店で、だった。

そのころはバスク料理というと赤ピーマンの「ピペラード」と野菜スープ「ガルビュール」に夢中で、アショワも試してはみたものの、挽き肉を白いご飯にかけた料理、という印象しかなかった。おまけにそのアショワ、かなり味が塩辛かったのだ。

一昨年の夏、南西地方の小さな村のバスク料理店でメニューを見ていたら、「今日の料理」がそのアショワだった。挽き肉をトマトソースとエスプレット唐辛子で煮詰めたもので、やはり白飯にかけて食べる。味も濃くないし、おまけに木陰のテラスが涼しくて気分爽やかだったので、一気にアショワの株は上がった。

だから、私のアショワの印象はトマト味の勝ったミートソース、というもの。フランス料理にしては味がシンプルで食べやすく、家庭的なところが気に入っていた。

バスク料理のビストロはパリにいくつもあるけれど、アショワがある店は案外少ない。

看板料理の「パショワ」は仔牛、鶏、豚、ベーコン、卵などの各種トッピングがあり、12.80ユーロ〜。プラス前菜で18.20ユーロのセットメニューにもできる。

豚、仔牛の肉を玉ねぎやニンニクと合わせ、エスプレット唐辛子を利かせた、ピリ辛味のテリーヌ。味つけが薄くさっぱりとして、食べやすい。6ユーロ。

生のイワシのマリネ「オセアニー」は、レモンとケイパーの酸味が快い。9ユーロ。タパスにするなら6ユーロ。日本人にはきっと嬉しい一皿です。

お洒落な店より地元っぽい店にありそう、と思案していてふと思いついたのが、モンパルナス大通りでいつも前を通過するだけだった一軒のバスク料理レストラン。

開店直後は軽食の店みたいで敬遠していたのだけれど、その後オーナーが代わった様子。で、飛び込んでみたら大当たり。ステキなアショワに巡り合えたのだった。

■■ **セットメニューにするか、タパスで味見するか。**

この店「オイエ！パショワ」は、店主ジャン・シャルルさんの考案した「パショワ」、つまりバスクの珍味をのせた特製ピッツァが売り（ちなみに「オイエ」はバスク語で「ほれ」みたいなことらしい）。でもそれ以外の料理もすべてディープなバスクの味で、私はすっかりそちらに参ってしまった。

たとえば前菜の「エスプレット風テリーヌ」は、肉がペースト状ではなく繊維を残して寄せた状態になっているので、食感が快くさっぱりとした味わい。イワシのマリネ「オセアニー」も、とびきり新鮮で酢の加減がほどよい。鴨の骨で出汁を取り、フォアグラを浮かべた贅沢な「ガルビュール」にいたっては、言葉もなくただ溜め息をつくしかない。

そして本命「仔牛のアショワ」。意外だったのは、挽き肉ではなく包丁で小間切れのように叩いた肉片を使っていること。赤くてピリッと辛いソースでシチュー状に煮込んであって、白飯は添えない。ミートソースかけご飯とはだいぶ違うけれど、エスプレット唐辛子の香りが漂い、こってりとしていかにもバスクらしい力強い味だ。

仔牛の肉を包丁で叩き、玉ねぎ、ニンニク、トマト、赤ピーマンなどの野菜とともに蒸し煮にした「アショワ」16ユーロ。タパス・ポーションなら9ユーロ。白飯にも合うはずだけど。

この店のありがたいのは、メイン料理もタパスとしてハーフポーションで取れるので、いろいろ少しずつ味を試せること。もっとたくさん味見したい向きにはタパス・おまかせコースもあって、その日の珍味の数々を1人32ユーロでつぎつぎに味わえる。ただしこのコースは3人以上から。

最後に「パショワ」のこと。薄い皮にピペラードや生ハムを盛り上げたこのピッツア、文句なく美味なのだけれど、すごいボリュームなので、たとえばお昼は一品ですませたいというときにお薦めしたい。

Oyez...! P'Axoa オイエ！パショワ
118, boulevard du Montparnasse 75014 Paris
☎33・(0)1・43・27・22・00
Ⓜ VAVIN
㊔12時～14時30分、
19時～22時30分（火～土）
12時～14時30分（日）
㊡月、8月

Cassoulet maison aux confits
コンフィ入りカスレ

鴨の脂をたっぷり吸った白インゲンは、南西地方に伝わる煮込み料理の王様。

パリからTGVで5時間半のトゥールーズは、「バラ色の街」と呼ばれる南西地方の中心都市。この数年、南西地方の美しい村や町、おいしい食べものの数々に惹かれてこの地を訪ねる回数が多くなっているのだが、その拠点となるのがこのトゥールーズだ。

バラ色というよりはくすんだ赤レンガ色の街並みと、強い南国の陽射し。そして、食事どきになると漂う鴨の脂の匂い。プロヴァンスの街々ならオリーブ油の匂いだけれど、もっと西側のラングドックやケルシー、ペリゴールなど南西地方では、料理に鴨の脂の登場回数が多くなる。

そして何といっても、トゥールーズといえば代表料理は白インゲン豆の煮込み「カスレ」。鴨の脂で香味野菜をよく炒め、スープを張って豆を煮込む。それに鴨肉や砂肝の脂漬け「コンフィ」を加えてオーヴンで焼いたもので、ラングドック地方南西部の名物料理だ。トゥールーズではもちろんこれに名産のソーセージも入れる。

けれどトゥールーズに行くたびに試した「カスレ」は、文字通り「名物にうまいものなし」という情けない味で、ともかくその量と脂っこさに辟易してしまった。観光客がフラッと立ち寄るようなレストランは、軒並みバツである。といって基本は家庭料理なのだから、予約がいるような店で食べるのはどうも違う気がする。

ところがこの間、トゥールーズから遥かに遠いパリのマレ地区で、初めて「これはおいしい」と思えるカスレに出会ったのだ。

■■南西地方では鴨の脂を、バター代わりに使用。

ヴォージュ広場裏の静かな路地にある「ビストロ・ド・ルレット」は、ケルシー出身のマルセル・ボーディ氏の店。南西地方の豊かな食材を使った料理が自慢だ。そのとき厨房を仕切っていたのは、若くて元気なスーシェフのステファーヌ君。

土鍋で供される彼のカスレは、軽いトマト味になっていて、砂肝のコンフィや豚の塩漬け肉もすべて自家製。見かけよりは量があるのだが、使われている鴨の脂がおそらく上質なので、胸焼けするような重さがなく、白インゲンのほっくりとした煮え具合も素晴らしい。軽く噛むだけで繊維のほぐれる鴨のコンフィ、歯応えのある砂肝、香りのいいソーセージと、肉類の取り合わせも完璧。

ちなみに、ケルシーはトゥールーズよりやや北にあって、やはり鴨やフォアグラが名物。この「ビストロ・ド・ルレット」ではカスレ以外にも、オックステールを煮込んでフォアグラを入れ、キャベツで巻いた豪華なファルシや、栗のポタージュなど、楽しい南西部料理

鴨の脂をたっぷりと吸い込んだ白インゲン豆と肉の味わいは格別。「カスレ」は単品なら20ユーロ。3品のムニュ・カルトは35ユーロ。昼のセットメニューは2品で22ユーロ（平日のみ）。

「オックステールのファルシ、フォアグラ詰め」は南西地方の食の粋を集めた、ともいうべき一品。25ユーロ。

毎度おなじみ「鴨のコンフィ、ジャガイモのグラタン添え」。味のよいコンフィを加減よく焼き上げてある。添えられたジャガイモのオーヴン焼きが嬉しい。

「ウサギの寄せ煮」には玉ねぎのコンフィをのせたトーストを添えて。サーモンには白・黒胡麻をのせ、フォアグラにはイチジクのコンポートをあしらう。

パリではなかなか味わえない、珍しい南西地方のリンゴのお菓子「クルスタード」。ひんやり冷たいアルマニャックのグラニテを添えた、爽やかなデザート。

がいろいろ味わえる。

　ラングドック地方というのは、中世にいまのフランス語とは異なるオック語を使っていた地域の総称で、「カスレ」も「ルレット」もオック語で鍋を指す言葉だという。いまの行政区分でいうとトゥールーズはラングドックから外れてしまうのだけれど、その昔は広大なトゥールーズ伯領の都として、オック語の宮廷文化が栄えたところ。滔々と流れるガロンヌ河に沿って美しいロマネスクの聖堂や修道院の点在する旧市街は、また何度でも訪ねてみたい、歩き回りたいと思う街のひとつだ。

　そして今度こそは「ビストロ・ド・ルレット」に匹敵する本場のカスレを食べたい、と思っている。

Bistrot de l'Oulette
ビストロ・ド・ルレット
38, rue des Tournelles 75004 Paris
☎ 33・(0) 1・42・71・43・33
Ⓜ BASTILLE
㊔12時～14時30分、19時～23時（月～木）
12時～14時30分、19時～24時（金）
19時～24時（土）
㊡日、5/1、8月

パリからいちばん近い田舎町に行ってみよう。
郊外電車に乗って、気軽な日帰りの旅

パリは東京よりずっと小さい都会だから、1時間も電車に乗るとかなり遠いところまで行けてしまう。シャルトルとかヴェルサイユも、日帰りで訪ねられる。

でもそういう観光地ではなく、フツウののどかな田舎町に行ってみたいと思ったら、郊外電車RERのB線に乗って、終点のサン・レミ・レ・シュヴルーズ駅まで行くといい。

*

電車を降りてすぐ、目の前に緑の野原が広がる。牛の群れが草を食んでいる。空はあくまで広く青く、彼方の丘も緑に包まれて、太陽がまぶしい。まるで白昼夢のような世界。

そんな緑の中をひたすら歩いて（といってもたった2キロほどだけど）、小さな城のあるシュヴルーズの町に向かう。この町がまた、とても田舎っぽくてよいのです。睡蓮が浮かび鴨の泳ぐ水路、昔の洗濯場の跡、小さな石造りの教会。路地ですれ違う町の人は、笑顔で「ボンジュール」って挨拶してくれる。

城は丘の上だから、けっこう急な坂道を登らなければいけないけれど、それもほんの20分くらい。城の入口で涼しい風に吹かれながら、見下ろすシュヴルーズの緑の谷の眺めが素晴らしい。地平線まで続く森、森。圧倒的な緑のボリュームに、しばらく言葉が出ない。手前に町の屋根の連なりが見えるだけで、あとはまったく建物なし。とてもパリの近郊とは思えません。

そして帰り道では、搾りたての牛乳と、その牛乳を使った加工品を販売している農場の売店に寄ってみる。のどかな牛たちの鳴き声を聞きながら、コップに注いでもらった泡の立つ生乳を飲み干す。一日太陽に照らされた身体に、これは甘露としかいいようのないおいしさ。

*

ほとんど毎年、初夏になるとこのサン・レミの野歩きを実行しているけれど、とにかく石造りの都市パリと正反対の、自然のなかののどかな田舎町の良さを、コンパクトに楽しめるのが嬉しい。ゆっくり寝坊して昼ごろにスタートしてもじゅうぶん間に合うし。

食べものに関しては、お弁当を用意して野原で広げるのも愉しいが、面倒だったらシュヴルーズの町の中心になかなかいいレストランもある（ただし日曜休み）。まず腹ごしらえしないと歩けない場合は、サン・レミの駅前のカフェで簡単なソーセージとかオムレツも食べられる。

あ、ただしこの野歩きは暖かな快晴の日に限ります。途中で雨に降られたらかなり悲惨だし、空が青くないだけでも、この田舎歩きの幸福感がずいぶん失われてしまうから。

シュヴルーズの町なかを流れる水路。家々に小さな石の橋が架かり、水草の陰で鴨の親子が羽を休める。

石垣の上に見えるのが、再建されたマドレーヌのお城。11世紀建造の城塞だった。

牧場から帰ってきて乳搾りを終えた牛さん。おいしい牛乳をありがとう！

牛の放牧されている広い草原は、オリンピックの父クーベルタン男爵家の所有地。

● RER・B線の終点、
St.Rémy lès Chevreuse駅下車。
● クーベルタン農場の売店は
16時30分～19時（冬場は～18時30分）。

売店では生乳の他にチーズ、ヨーグルトなどの乳製品、パテ、ジャム、果物も販売。

Aïoli de morue fraîche
タラのアイオリ

マヨネーズみたいなニンニクソースを、白身魚と山盛りの野菜に添えて。

プロヴァンスには何回か旅しているけれど、いつもまずアヴィニョンにＴＧＶで行き、そこからアルルに廻るというパターンが多い。パリからほんの2時間半ほどで着くアヴィニョンは豊かな明るい都市で、法王庁と演劇フェスティバルの存在がさらに華を添える。そんな晴れがましいアヴィニョンから1時間弱バスに乗ってアルルの町に着くと、同じプロヴァンスの太陽の下なのに、何となしに古ぼけてくすんだ低い町並み、ローマ時代の遺跡だけが堂々として、まわりの土産もの屋もカフェもどこか田舎っぽく、時の流れに取り残された町という気配がある。

一昨年の春、円形闘技場のすぐ脇の観光客向けの食べもの屋を眺めていたら、一軒のいかにも「おばちゃん食堂」という感じの店のメニューに「アイオリ」があった。

アイオリというのは、ニンニクとオリーブ油で作ったマヨネーズみたいな南仏独特のソース。時間をかけてもどした塩タラか干ダラ、それに茹でた野菜をたくさん盛り合わせて、このソースをつけて食べる。この料理のことも「アイオリ」といって、プロヴァンスのふつ

ふっくらと蒸されたタラと野菜がヘルシーな「アイオリ」は、塩タラでなく生タラを使用。
単品なら15.70ユーロ、2品のセットメニューなら24ユーロ、3品なら28ユーロ。

うの家庭のご馳走だ。

お腹が空いていたし値段も安かったので、飛び込んで食べたその食堂の「アイオリ」が、とても家庭的でおいしかったのだ。タラだけでなく、ビュロというツブ貝の一種がどっさり。カリフラワーにジャガイモ、南仏らしいフェンネル。さっぱりした茹で野菜にニンニクの香りの効いたアイオリがよく合って、お腹いっぱい食べても胃が重くならなかった。

この料理も、地方ではごくふつうに食べるのにパリではなかなか見つからないもののひとつで、たまに「アイオリ」がメニューにあっても、妙に洗練された懐石風だったりして、現地のあの素朴なおいしさとは違うものになっている。

■■パリで味わうアイオリに、冬の南仏の旅を思い出す。

オペラ座の東、銀行などの金融関係が集まる証券取引所の周辺には、勤め人相手の社員食堂的レストランがたくさんあるが、中でも活気があって人気の店「メスチュレ」で去年の夏、幸運にも南仏風「アイオリ」に出会うことができた。

「メスチュレ」は、伝統料理が楽しめる典型的なパリのビストロだけれど、オーナーのアランが南の出身なので、料理にもワインの選択にもどことなく南の匂いがする。

シェフのパスカルの作る「アイオリ」は、大皿に形よく盛りつけられた生タラに赤と黄のピーマン、ニンジン、クルジェット、カブ、ジャガイモ、ブロッコリー。彩りが美しく、

突き出しにオリーブの実が出てくるのはふつうだけれど、小皿のオリーブ油が出るのはとてもプロヴァンス的。ご主人のアランのこだわりが感じられる。

巨大なデザート「パリ - ブレスト」は、あの歴史ある自転車競技にちなんで作られた。食の細い人にはお勧めできません、と注意書きがある。8.90ユーロ。

アルルのそれよりはややプロっぽい盛りつけだ。けれど新鮮なタラと野菜、そしてソースの味がおばちゃん食堂の昼ごはんをはっきりと思い出させてくれる。

デザートには、直径20センチ近くもある「パリーブレスト」が出て、大食いを自認する私も、完食するのにいささか苦労しました。

パスカルによれば、ツブ貝またはエスカルゴを盛り合わせた豪華な「アイオリ」は、プロヴァンスでは元来お祝いの日のご馳走で、特にノエルの季節に作るとか。

ちょっと情けない印象のアルルの町が「アイオリ」の味とともになぜか懐かしく思い出され、じつはあの町、けっこう気に入っていたんだ、と気がつくのだった。

Le Mesturet ル・メスチュレ
77, rue de Richelieu 75002 Paris
☎33・(0)1・42・97・40・68
Ⓜ BOURSE
㊟12時～15時、19時～23時
㊡無休

南欧には干ダラ料理がたくさんあるが、フランスならやっぱりブランダード。

ピカピカ鱗の光る獲れたての魚が山のように積まれた、パリの朝市の魚屋。日本では魚は皿盛りやパックで売られることが多いから、フランスの市場の丸ごとの魚を見ると嬉しくなってしまう。

鮭や鯖、イワシといった見覚えのある魚たちの横で、大きい顔をしているのはタラ系の魚。ピンと活きのいい近海魚と違って、身が柔らかいタラたちはデレーッと横たわっている。メルランにコラン、リュ・ノワールにリュ・ジョーヌ、キャビヨーにモリュ。これ、仏和辞書で引くとぜーんぶ「タラの一種」となってしまうのですが。

大西洋のタラ漁は中世のころから盛んで、17世紀ごろにはタラをめぐる戦争まで勃発したらしい。そんな貴重なタラを保存するのに、冷蔵技術も缶詰もなかった時代は、塩漬けにするか、天日でひたすら干し上げるしかなかった。

戦時下や飢饉の折に、保存のきくたんぱく源として長いあいだ重用されてきた干ダラだけれど、干したタラを上手にもどして調理した料理は、生とはまた違った独特の味わいがある。だから新鮮な生タラがいくらでも手に入る現在でも、ポルトガルやスペイン、そして南仏では名物料理として愛され、食べ続けられているのだ。

朝市のポルトガル食材店に行くと、ずらりと並んだ干ダラを注文に応じて包丁でバシバシ切ってくれる。身の厚いものは値段が張るけれど、ブランダードは身を細かくほぐして使うから、安いのでＯＫ。これを最低一昼夜は水に浸し、塩抜きして柔らかくする。そしてたっぷりの水で茹で、皮や骨を取ってほぐす。ふうー、干ダラの下ごしらえは手間がかかります。

このタラに熱したオリーブ油と牛乳を少しずつ加えて、マヨネーズを作るときのように練ってゆく。最後にニンニク、レモン汁、塩胡椒で味を調える。店によっては、マッシュポテトや生クリームを加えることもある。

これはプロヴァンスやラングドック地方に伝わる料理で、中でもニームのものが有名。18世紀末にはパリのレストランにも進出し、一挙にメジャーなフランス料理となった。いまでも町の定食屋の「今日の料理」にはよく登場する。

■■パリの定食屋に定着したプロヴァンスの味。

迫力たっぷりの肉料理や大きな尾頭付きの魚料理はちょっとカンベン、という気分のとき、メニューにこの「ブランダード」があるとホッとする。食感はほとんどマッシュポテトだけれど、そこに干ダラの素朴な風味、ニンニクの香り、オリーブ油のコクが加わって、

「ル・プティ・ベニュール」のブランダードは、2品で15ユーロの昼のセットメニュー、または3品で23.50ユーロの夜のセットメニューで味わえる。

定食屋さんの典型的前菜「トマトとモッツァレラ」。ピストゥソースがかかっていて、香りよく彩りが美しい。消化もよいので夏のオードブルではいちばん人気。

日替わりの「今日の前菜」は夏らしい冷たいスープ「ビーツのガスパチョ」。赤紫色のビーツを濾してよく冷やしたもの。冬は温かい野菜スープもある。

舌を優しく包んでくれるのだ。

モンマルトルの麓にあったレストラン「ル・マキ」で初めてブランダードを食べたのは、もう10年以上も前のこと。「ル・マキ」は残念ながら閉店してしまったので、いまは14区の区役所のそばにある定食屋「ル・プティ・ベニュール」に食べにいく。

ここは昔のパリの雰囲気の残る、私のお気に入りの店。南仏料理の専門店ではないけれど、定番メニューにブランダードがある。ちょっとクリームっぽい味で、耐熱皿に入れてオーヴンで焼き、グリーンサラダをたっぷり添えてある。

日本から戻ったあと、これを食べると「ああ、フランスに帰ってきた」という気分になるのです。

Le Petit Baigneur ル・プティ・ベニュール
10, rue de la Sablière 75014 Paris
☎33・(0)1・45・45・47・12
Ⓜ MOUTON DUVERNET
㈾12時～14時15分、19時～22時15分(月～金)
19時～22時15分(土)
㊡日、7/20～8/20

Bouillabaisse
ブイヤベース

地中海の光と風と潮騒の音を、ひとつの鍋に封じ込めた代表的魚料理。

フランス北部の魚介鍋はフランドルやブルターニュで紹介したので、今度は南に移って、地中海の磯の魚を使った鍋料理。誰もが知っている「ブイヤベース」の出番です。マルセイユの旧港で、ヨットや豪華ボートの並ぶ埠頭沿いのレストランに入ればいつでも食べられる看板料理だけれど、これをパリで、となるとあんがい難しい。魚の鮮度が大事なので、マルセイユみたいに安い定食屋でも大丈夫、というわけにはいきません。

7区の細い裏道、アメリ通りにあるニース&プロヴァンス料理レストラン「ル・プティ・ニソワ」は、そんな地中海の味と香りを堪能できる、パリでは貴重な店。

魚売りのおばちゃんが威勢よく声を張り上げているマルセイユの港ではなく、避暑地ニースのちょっと気取ったビストロみたいな店内は、海岸沿いの長い長い遊歩道や、噴水や棕櫚の並木のある優雅なニースの街を思い起こさせる。

あの街を訪れたのはもうずいぶん前になるけれど、高級ブティックやレストラン、贅を尽くしたホテルやカフェが整然と並ぶ中心街と、魚市場や小さな食品店が点在する迷路の

「ル・プティ・ニソワ」では3皿のセットメニューが31ユーロ、前菜＋メインだけなら25ユーロ。ブイヤベースは＋13ユーロになる。食の細い人は魚が3種だけの「Marmite du pêcheur（漁師鍋）」を注文するといい。

ような旧市街の対比は、地中海の強烈な光と影を見るようでずっと印象に残っていた。

小さな立ち食いの屋台で「ピサラディエール」なる食べものを見つけたのも、その旧市街だった。

■■マルセイユとは少し違うニース風ブイヤベース。

「ル・プティ・ニソワ」では定番の前菜に、その「ピサラディエール」がある。ピッツァに似た生地に、よーく炒めた玉ねぎやアンチョビ、オリーブの実をのせて焼いたもので、名前もピッツァから来ているのかと思ったら、「ピサラ」というのはアンチョビペーストを指す言葉らしい。玉ねぎの甘さとアンチョビの塩気がしっかり効いて、一見軽食風の、でもけっこうボリュームのある前菜。

この店では他にもラタトゥイユだの、山ウズラのローストだの、羊足とモツ煮込みだの、南ならではの味がいろいろ楽しめるが、真打ちはやはりニースらしく贅沢な具を使った「ブイヤベース」だ。

運ばれてきた黒い鉄鍋には、いい香りの鬱金色のスープがたっぷり。そこに顔を出しているのは手長エビに小さなカニ、ムール貝に色とりどりの魚たちで、これをスープ皿に取り分け、ルイユ（唐辛子、ニンニク、オリーブ油で作るソース）とクルトンを浮かべる。穴

「ピサラディエール」はグリーンサラダ添え。手づかみで食べたくなるおいしさだが、ちょっとジャンクフード的味わいもあるので、さっぱり味好きはご注意。

きれいな尾羽が飾られた「ヤマウズラの煮込み」。骨が細いので肉の量がたっぷり。一緒に煮込まれたキャベツと栗の甘さが、淡白な肉の味に深みを添える。

子にカサゴ、アンコウにボラくらいまでは味がわかったけれど、食べたことのない色と味わいの魚もあって、ひと口ごとに当ててみるのも楽しい。こってりと濃厚なスープは、マルセイユの港のレストランの潮汁風ブイヤベースとはまた違って、うま味が何重にも凝縮された複雑なおいしさ。これはきっと、魚介をただ煮るのではなく、出汁を取ったアラや小魚をさらに濾して濃いブイヨンを作るからだろう。そして惜しげもなく使われたサフランの強い香り。

華やかで晴れがましいニースの中心街を歩くより、入り組んだ旧市街の路地をさまようほうが性に合っているけれど、サフランとオリーブ油の香りは潮風に乗って街中に漂っているから、そんなこだわりはいつの間にか忘れ、光の中をどこまでも歩いてしまう。それが地中海の魔法なのです。

Le Petit Niçois ル・プティ・ニソワ
10, rue Amélie 75007 Paris
☎ 33・(0) 1・45・51・83・65
Ⓜ LA TOUR MAUBOURG
㊝12時～14時30分、19時～22時30分
㊡ 5/1、8月半ばに2週、12/24、25

Soupe de poisson du Cap Corse

コルシカ風魚のスープ

コルス岬から眺める夕日のように、豊かな黄金色をした海の幸のエキス。

映画『ロング・エンゲージメント』のなかで、ヒロインが婚約者の消息を知るためにコルシカ島を訪れるシーンがある。

峻険な山々に囲まれた小さな村。人の気配のない坂道には霧が湧き、ひんやりとした山の気に満ちている。霧に濡れた植物の匂いが漂ってきそうな、そんな場面に思わず「ここ、知ってる」と口走ってしまったのは、その風景が10年以上前に訪れたことのあるコルテの町にそっくりだったからだ。

棕櫚の並木が風にそよぎ、太陽が輝く海岸の街々とはまったく異なった、コルシカのもうひとつの顔。コルシカという島が魅力的なのは、この風土の多様さにある。周りを海に囲まれ、内陸は険しい山々で、全体に湿度が高いところは、かなり日本にも似ている。だからコルシカの食べものも多様で魅力的だ。豊富な魚介類、野育ちの豚や羊や山羊、その肉と乳から作るシャルキュトリやチーズ、灌木林で採れる香り高い香草、野山に自生するベリー類。

パリにはわりあいコルシカ料理店が多いので、かの有名な羊チーズ「ブロッチオ」を使った料理なども食べる機会はあるのだけれど、最近のお気に入りといえばマレ地区にあるレストラン「ラリヴィ」だ。

■■ イタリアとフランスに影響を受けた島の味。

初めて「ラリヴィ」に入ったのは雪の降る冬の日だった。田舎風の石造りの店内がコルシカ山中の民家に思えて、道に迷った旅人気分で食べた熱々の魚のスープのおいしかったこと。内臓ソーセージのフィガテリだの、イノシシの煮込みだの、冬のコルシカの味はじつに濃くて豊かだった。

そのフィガテリもイノシシもブロッチオ・チーズも寒い季節の産物で、夏季は残念なことに食べられないのだけれど、その代わり夏は店の横にオリーブの木に囲まれた居心地のいいテラスが設けられる。みごとな鬱金色をした魚のスープや特産のシャルキュトリの盛り合わせを味わって、海辺のコルシカ気分にひたるといい。

沿岸の魚を煮込んだブイヤベースの一種「アジミニュ」は有名だが、それをきれいに濾してたっぷりのサフランと香草を加えたのがこの「ラリヴィ」特製の「コルス岬の魚のスープ」。ルイユとトースト、ニンニクを加えて食する。ピリッと辛くて香り高いスープは滋養たっぷりで、夏負けなんかにも効果がありそうだ。

「ラリヴィ」の定番「コルス岬の魚のスープ」は11ユーロ。サフランの強い香りが食欲をそそる。コルス岬というのはコルシカ島のいちばん北の端に突き出した半島で、海の眺めが素晴らしいという。

コルシカは11世紀から18世紀までピサやジェノヴァなどイタリアの都市の支配下にあったため、料理にもかなりイタリア色が強い。基本的には新鮮な素材を生かしたシンプルなものが多く、それにかならずコルシカ風の香りや味が加えられているのが楽しい。たとえば羊肉の付け合わせのニョッキにも、ほんのりと香る島のトムチーズが入っているのだ。

ズッキーニにブロッチオ・チーズを詰め、マッシュルームの泡をふんわりとかけた素敵な前菜。11ユーロ。羊チーズのブロッチオは料理に多用するし、そのまま砂糖やジャムを添えてデザートにもなる。未熟成チーズとしては味が濃く個性的。

「島のトムチーズ風味ニョッキを添えた仔羊のロースト」25ユーロ。残念ながら夏場は作らないそうで、コルシカの食材が季節の営みとともにあるのがわかる。

楽しいといえば、コルシカの言葉は中世のトスカーナ語に似て、優雅で音楽的なのだとか。語尾が「ウ」となるのが特徴で、ブロッチオ・チーズもじつは「ブロッチゥ」と言うのが現地的発音らしい。

「ラリヴィ」の現オーナーの名前もセヴェリゥさんで、17年前にこの店を始めたのは彼の伯父のアラヌゥ・カシアリさん。家族が団結して働くのもまたコルシカ風だ。

フランスの端っこの不思議の島コルシカ。一度訪れると、人はその魅力に取り憑かれてしまう。

L'Alivi ラリヴィ
27, rue du Roi de Sicile 75004 Paris
☎33・(0)1・48・87・90・20
Ⓜ SAINT PAUL
㊔12時～14時30分、19時～23時
㊡12/25、1/1のランチ

Assiette Corossol
アンティーユ風揚げもの

外は寒くても、陽射しは春。カリブの料理とラム酒で太陽に乾杯！

フランスには「海外県」「海外領土」というものがいまも存在する。それは昔フランスが、本土から遠く離れた地域を力で征服した時代の名残りなのだけれど。

カリブ海に点々と連なるアンティーユ諸島のうち、グアドループとマルティニークのふたつの島がその「海外県」で、フランスとアフリカ、カリブ系の風習が溶け合った独特の言葉と文化が育まれてきた。そして、トロピカルな野菜や果物をふんだんに使った料理が食

10種類のカリブの味を盛り合わせた「アシエット・コロソル」14ユーロ。飲みものとデザートがつく。

べられるのも、この島々の醍醐味。

パリにはアンティーユ出身の人たちがたくさん暮らしていて、レストランや食品店も多いが、その味にいちばん気軽に接することができるのは、朝市かもしれない。たいていの市場にひとつはアンティーユ系の屋台があり、バナナやタロイモ、香辛料とともに各種お惣菜も売っている。

私の住んでいるバニュー市の朝市にもその屋台があって、香辛料の効いたクレオール風黒ブーダン、カニのグラタンなどをときどき買うけれど、なかなか味がいい。屋台のまわりにはカレーや唐辛子、ココナッツの匂いが漂い、カラフルなカリブの布をまとったお姉さんが笑顔で声をかけてくる。

■■フランス本土とは異なる、珍しい南国の食材たち。

アンティーユの人たちの陽気さといったらハンパじゃない。冗談が好きで、事あるごとに笑い続けていて、買物をするにもじつはけっこう時間がかかる。7区にある「シェ・リュシー」というレストランで食事をしたことがあるけれど、店のご主人がハイテンションで、見ず知らずの客同士もいつの間にか巻き込まれ、最後はお祭りみたいになってしまった。楽しいけれどかなりのエネルギーが必要なので、シャイな日本の皆さんにはちょっとつらいかも。で、もっと気楽にカリブの味を楽しみたければ、北マレにあるアンファンルージュ市場のお惣菜店「コロソル」に行くといい。お惣菜のウィンドーの隣にイートインのスペースが設けられ、ゆっくりと食事ができる。アンティーユ名物を盛り合わせた手ごろなセットメニューが何種類かあり、実物を見て選べるのも便利。

代表的なお惣菜は、といったらやはり、魚のすり身を衣と混ぜて団子にして揚げた「アクラ」だ。ピリッと辛くて弾力のあるこの揚げものは、「T・ポンシュ」というラム酒ベースのカクテルと一緒に味わうのがカリブ風。アクラを含め、10種の揚げものを盛り合わせた

これがアンティーユ名物の魚のすり身団子「アクラ」。「コロソル」では6個で4ユーロ。T・ポンシュかラム酒か生姜ジュースなど、飲みもの1杯＋アクラ3個で5ユーロという簡単セットメニューもある。食前の1杯をこれにするのもいい。

カニのすり身のコキールにバナナやサツマイモの揚げもの、ピラフ、サラダを添えた「島のカニ」セットは10ユーロ。この他に「コロンボカレー」や「クレオール風ブーダン」セットなど、選択肢が多くて悩む。

プレート「アシエット・コロソル」は、バナナの串揚げやカレー団子、カニのパテ、タロイモの団子など不思議な味の連続で、素材を当てながら食べるのも楽しい。飲みものも、T・ポンシュの他にトロピカルフルーツのジュースとか、生姜ジュースとか、他所では味わえないものがある。

　このアンファンルージュ市場はパリでいちばん古い屋根付き市場だったが、2000年に全面改装されて再開。ふつうの食材店もあるけれど、場所柄お惣菜とイートインの屋台が多く、昼どきはいつも賑わっている。冬場はちょっと寒い、と思っていたら、最近はビニールシートで囲み、強力ストーブを設置したスタンドも増えてますます人気。「コロソル」は正面入口から入るといちばん奥です。

揚げものをテイクアウトする場合は、ぜひ薄緑色のピリ辛ソースをつけて。

Corossol コロソル
Marché des Enfants Rouges,
33 bis, rue Charlot 75003 Paris
☎33・(0)1・48・87・32・71
Ⓜ FILLES DU CALVAIRE,
ST.SEBASTIEN FROISSART
㊔10時〜17時
㊡月

2

素朴なおいしさを求めて、ロワールの田舎町へ。

LOIRE

TOURS

AMBOISE

SAINT-DYE-LOIRE

SAUMUR

滔々と流れる大河ロワールの岸辺には、
王や騎士たちの追憶とともに、伝統に育まれた
豊かな食材や珍味がいくつも隠されている。
パリから1時間と少しで行けるトゥールの街を起点に、
川舟の係留された緑の村や、優美な城館がそびえる町々を訪ねて、
いまも変わらぬロワールの味を見つける旅。

トゥール Tours

「30の市場の街」で、手作りのリエットを味わう。

初めてトゥールの駅に降り立ち、旅の第一歩を踏み出した朝、駅前のウルトルー大通りにはマルシェの屋台が並んでいた。採れたての不細工なリンゴやトマト、パリでは見たことのない川魚(ナマズ!?)や獣肉、大量の蜂蜜とジャム。これはどうやら、ひどくおいしそうな街に来てしまったらしい。

トゥールは「30の市場の街」と呼ばれるほど市の多い街。いつも街のどこかにマルシェが

ウルトルー大通りの朝市は毎週火曜日。旧市街には屋根付きの常設市場もある。ロワール河流域はリンゴの栽培で有名。屋台に並ぶリンゴは不揃いで、いかにも採れたての自然さがいい。値段はパリの半分。

中世の木組みの家並みが残る旧市街には、静かな広場や朽ち果てた教会跡が幻のように残る。軒には黒ずんだ木彫りの聖人像が。

ロワール河にかかる18世紀のウィルソン橋。街の中をロワールとシェールのふたつの河が流れる。空が広く、川風が心地よい。

たっている。中世の昔から、こうして近隣の生産物や食材がこの街に集まったのだという。

なかでも私がぜひ試したいと思っていた名物の豚肉煮込み〝リヨン〟は、駅の前のB・パリシー通りにある「アルドワン」ですぐ味わうことができた。

■■ 大聖堂と市場と美食の都市。

〝リヨン〟というのは、豚の三枚肉の塊をヴーヴレーの白ワインと肉汁でゆっくり時間をかけて蒸し煮にしたもの。そのままでも食べられるが、温めると風味が倍増。黒ずんだ肉塊にナイフを入れると、ほっこりピンク色の肉と脂の層が現れる。味の濃さ、香ばしさはちょっと中華料理の豚の角煮風だ。脂と肉が口中で絶妙に溶け合って、コクがあるのに

豚の三枚肉を白ワインと肉汁で煮込んだリヨン。持ち帰りに便利な真空パック(500g)が11ユーロ。他に瓶入りもある。サラダ菜を添えて温かい前菜にすれば、ワインが進む。

リエットを練り込んで焼いたケーキ3.40ユーロ。ケーキといっても塩味で、温めて前菜にする。オリーブ入りの塩味ケーキはよくあるが、リエット入りは珍しい。

Hardouin アルドワン
70, rue Bernard Palissy 37000 Tours
☎33・(0)2・47・05・12・87
㊫8時〜19時15分
イートイン：12時〜14時30分(月〜金)
㊡日
※旧市街の常設市場内にも別店舗あり。

100年以上の歴史を誇る「アルドワン」のシャルキュトリ類。手前から「リエット」「リヨン」「ウサギのテリーヌ」。バゲットとピクルスを添えて。「アルドワン」は、白ワインで名高い隣村ヴーヴレーに本拠を持つ老舗。これ以外にも黒ブーダンなど、各種豚肉加工品を昔ながらの手法で作っている。

さっぱりと食べやすい。

そしてもうひとつの名物は〝リエット〟。豚肉を脂の中で繊維がほぐれるほどゆっくり煮込んだリエットは、ふつうル・マンの特産とされているけれど、そっちは主に工場生産品。トゥールのリエットは鉄鍋で6時間もかけて炒りあげる、まさに手作りの逸品で、歴史もル・マンより古いそうだ。

旅もまだ始めだというのに、リヨンもリエットもずっしり買い込んで、さて夕食は川魚、それとも黒ブーダン？

トゥーレーヌ地方の伝統料理を食べさせてくれる人気のビストロ「ル・プティ・パトリモワーヌ」。昼定食の前菜トゥール風シャルキュトリは、鶏レバーのフォンダンに手作りリエットを組み合わせた、シンプルだが力強い一皿だった。

Le Petit Patrimoine ル・プティ・パトリモワーヌ
58, rue Colbert 37000 Tours
☎33・(0)2・47・66・05・81
㊖12時～14時、19時～22時
㊡日、月、祭、7月末に2週間

●パリ・モンパルナス駅からトゥール駅までTGVで約1時間10分。パリ・オステルリッツ駅からは、トゥール、Angers（アンジェ）、Nantes（ナント）方面行きの急行電車で約2時間10分。

アンボワーズ Amboise
白く輝くお城を見上げて、タルト・タタンで午後のお茶。

アンボワーズ城の足元のドゥブレ広場に面した「ビゴ」は、1913年の創業から4世代にわたり女主人が仕切る、この町いちばんのお菓子屋さん。「曾祖父がパン屋を始めたの。お祖母ちゃんは100歳まで生きて、いまの看板菓子はたいていその時代に作られたわ」と現店主のクリスチャンヌさん。

長ねぎとキノコのパイを食べた後、たっぷり甘くバターがしたたる熱々の〝タルト・タタン〟を頬ばる。強い果物の香りは、トゥールの朝市で見た自然のままの不揃いのリンゴを思い出す。

■ タルト・タタンに叩きリンゴ。

「ビゴ」から時計塔のある門をくぐったナシオナル通りの地方物産店「ロワール・エ・テロワール」で、噂に聞く〝ポム・タペ（叩きリンゴ）〟の実物に偶然出合うことができた。

ポム・タペというのは18世紀末に考案されたリンゴの保存法で、オーヴンで3日かけて

ロワールの水面に、歴代の王たちの運命を見守った優美なアンボワーズ城が静かに影を落とす。

タルト・タタンは19世紀末に、少し離れたソローニュの森の町ラモット・ブヴロンでタタン姉妹が創ったお菓子だが、リンゴの生産地のロワール地方でもスペシャリテとしてよく作られる。

城の敷石にちなんだビスキュイ生地のパヴェ・ロワイヤルは3.90ユーロ。

Pâtisserie Bigot パティスリ・ビゴ
place Michel Debré 37400 Amboise
☎ 33・(0)2・47・57・04・46
(営) 9時 〜19時30分
㊡ 無休(夏期)、冬期は月

果実を干し、叩いて平たくする。一時すたれていたが、近年見直され、また製造され始めたもの。

旅から帰って、このポム・タペを白ワインで戻して煮ると、見違えるようにふっくらと柔らかい素敵なコンポートになった。ワインをたっぷり吸ったリンゴは極上の蜜菓子のよう。フォアグラや鴨の料理にも合うとか。できればワインはヴーヴレーなど地酒がいい。

リンゴの産地ロワールのお菓子は素朴で、みなよい香りがするのだった。

カチカチに乾いたリンゴと西洋梨を3日3晩ワインに浸けて戻し、そのまま1時間煮ると、香りのよい柔らかなコンポートに。後ろは、戻したポム・タペをヴーヴレーの白ワインで煮込んだ瓶詰。

Loire et Terroirs ロワール・エ・テロワール
29, rue Nationale 37400 Amboise
☎ 33・(0)2・47・23・14・79
㊖ 9時30分〜19時15分
㊡ 無休

●トゥール駅からアンボワーズ駅まで急行電車で約20分。パリ・オステルリッツ駅からは、急行電車で約1時間50分。駅から城のある旧市街までは、徒歩で約10分。

サンディエ・シュール・ロワール Saint-Dyé-sur-Loire

家族の絆とロワールが育んだ、素朴な川魚のテリーヌ。

村の中心にある16世紀の教会から、細い路地が河へと向かう。軒が低く苔むした石造りの家々が両側に並び、人の姿はなくて花々だけが静かに咲き誇っている。

河に面した家の壁面には、1856年6月の大洪水の際に水の達したラインが書き込まれて残っていた。

風の強いロワールの岸辺に立って、緑の中にポツンと残る古い屋根つき舟を眺めながら、買ったばかりのウナギのペーストを我慢できずに舐めてみた。

「昔は河に堰を作って網を張り、そこに屋根つき舟を係留して何日も漁を続けたんだ。ウナギにボラ、鮭もいた」

数分前に聞いたケノー氏の言葉が蘇る。ケノー一家はこのサンディエの村で、ロワール河から獲れる川魚を加工し、テリーヌやパテを作っている。クリームや香草を効果的に使った香りのよい魚やザリガニの瓶詰は、パリの食品サロンでも高い評価を受けているが、彼

屋根のついた川舟は、何日も河に寝泊まりして漁をするため。漁の獲物がたまると平底舟が往復して岸に運ぶ。

ケノー夫妻と息子のジュリアン。3人で仕事のすべてをこなす。パリ近郊で行われる食品市にもよくスタンドを出している。店のマークは水面に浮かぶ屋根つき川舟。

らはこの静かな村を拠点とする生活を変えようとはしない。

「足を悪くする前はずっと漁をしていたよ。でも83年から鮭漁は禁止になるし、魚が獲れる場所がだんだん下流に移ってしまってね。それで舟を陸に揚げたんだ」

■■時間の止まった小さな村で。

サンディエは、ブロワの町からロワール河を15㎞ほど上流へ遡った岸辺の村。シャンボールの城に近く、建設時に資材をここから陸揚げしたので「シャンボールの船着き場」と呼ばれた。当時の家々がいまも残り、河沿いの中世の外壁から、花々に囲まれた静かな路地が続く。

ケノー氏の「ラ・ブーリッシュ・オ・ザペティ」の店舗以外には、パン屋が一軒、カフェ

滑らかでこってりとした燻製ウナギのペースト6ユーロ。ロワール河のウナギは、近くに原発があるせいか(?)育ちがよくて大きい。

自家製瓶詰のほか地ワインやマスタードのミニ瓶、近郊のジャムや蜂蜜なども販売。テリーヌやパテ類はまとめて買うと割安になる。

川カマスのテリーヌ(右)はパスティスの香り。ザリガニのテリーヌにはフレッシュクリームが使われている。どちらもトーストにのせて味わう。各7ユーロ。他にもナマズ、ボラなど通常あまり味わえない珍しい川魚のテリーヌやパテを作っている。

La Bourriche aux Appétits
ラ・ブーリッシュ・オ・ザペティ
65, rue Nationale 41500
Saint-Dyé-sur-Loire
☎33・(0)2・54・81・65・25
㊢10時〜12時、15時〜19時
㊡日、月、火、祭

漁に使う魚籠(びく)や網を飾った店内。陶器や人形も並んでいて新旧のモノが感じよく混在。小物を選ぶのは夫人の役目。

が一軒あるだけの小さな村だけれど、河沿いに上流へさらに数分歩くと、17世紀の館を改造したホテルレストラン「マノワール・ベレール」が見えてくる。人けのないレストランの窓辺の席で河の流れを前に、獲れたての川スズキの美しい一皿をゆっくりと味わう。川風が窓を鳴らしている。

「マノワール・ベレール」の昼定食の前菜から、川スズキのムース、ザリガニソース添え。白身であっさりとした川スズキのすり身を蒸し、泡立てたザリガニのソースをかけたもの。コクのあるソースが川スズキの淡白さを引き立てる。メインのウズラのローストも美味。どの席からもロワールの流れが一望できる。

Manoir Bel Air マノワール・ベレール
1, route d'Orléans 41500 Saint-Dyé-sur-Loire
☎33・(0)2・54・81・60・10　FAX 33・(0)2・54・81・65・34
レストラン：㊫12時30分～13時30分（夏期は13時45分）、
19時30分～21時30分
ホテル：全47室　全室バスまたはシャワー付き
ダブル55～89ユーロ、トリプル90ユーロ～、スイート200ユーロ
朝食7ユーロ
㊡1月中旬～2月中旬

●トゥール駅からBlois（ブロワ）駅まで急行電車で約40分。パリ・オステルリッツ駅からは、急行電車で約1時間30分。Blois駅からサンディエ・シュール・ロワールの中心までは、約15㎞。タクシーで約15分。

ソーミュール Saumur
パリでも愛されるシャルキュトリは、小さな町の誇り。

豚足というものを食べるには、かなりの勇気が必要だ。お惣菜屋の店先で白く下煮されたりパン粉をつけたりした丸ごとの豚足は見るが、正直、これをおいしく料理できるとは思えない。

そんなとき、ロワールも下流に近いソーミュールの町に、フランスでいちばんおいしい豚足を作るシャルキュトリがあると聞き、勇躍そこへ向かった。

■ 4日もかけて豚足を煮込む。

「ジラルドー」は、ジェラールとセバスチャンの父子が率いる豚肉食品店。元気なセバスチャンがさっそく台所へ案内してくれる。巨大な大鍋2つに湯がたぎり、豚足が浮き沈みしている。

「ファルシにするには前脚しか使えないんだ」とセバスチャン。脂をすくいながら何日も煮込んだ豚足は、32あるという小骨をすべて取り除き、香料や詰め物を混ぜて、網脂で包んで焼く。

「丸ごと温めてソースをかければ主菜だけれど」と言いながら、彼が目の前でワインの肴に作ってくれた薄切り豚足トーストのおいしかったこと！　カリッと焼けたトーストの上の豚足は臭みもなく香ばしく、とろけるように柔らかなのに脂気は抜けている。

丘の上にそびえる端正な城と、国立馬術学校で知られるソーミュールの町は、明るく開けた市街に立派な馬場や騎馬博物館があり、人々は陽気で気さく。「ジラルドー」のシャルキュトリはそんな元気なソーミュールの代表のように、フランス中で評判が高く、全国コ

豚足の大鍋は絶えず見張って、浮かぶ脂とあくを取り除かなければいけない。たいへんな手間なのです。

できたての豚足を誇らしげに持つセバスチャン（右）とジェラール父子。年間17400本の豚足を作るとか。1本が3.70ユーロ。食べる前に180度のオーヴンで15分丸ごと温め、白インゲンやレンズ豆の煮物かマッシュポテトを添える。

Girardeau ジラルドー
51- 53, rue Saint Nicolas 49400 Saumur
☎ 33・(0) 2・41・51・30・33
㊢ 9時～12時30分、15時～19時30分（火～土）
9時～12時30分（日、祭）
㊡月、8月初めの2週間

田舎パンを薄切りにし、やはり薄く切った豚足（ピエ・ド・コション）をのせてオーヴンで7分間温めたセバスチャン特製の豚足トースト。よく煮込まれた肉は余分な脂がすっかり抜け、赤ん坊の離乳食にもできるくらい消化がいい。冷たい黒ブーダンを生のまま薄く切ってオードブルにするのも彼に教わった。

「ジラルドー」のスペシャリテが並ぶ棚。黒ブーダンでも過去に2回受賞、ガチョウのフォアグラでも金賞という記録を持つ。

ソーミュール城は14世紀に建立。丘の上にすっきりとそびえる優雅なこの城には装飾美術館と馬の博物館がある。

「ジラルドー」のジェラール氏が案内してくれた郊外ヴェリー村の農場。
旧友のミロおじいさんが牛や豚、羊を飼育している。

ンテストで何度も受賞している。
城を見学したら丘のふもとのサンピエール広場へ。この広場にある「ビストロ・ド・ラ・プラス」では「ジラルドー」の豚足料理が食べられるのだ。木陰のテラスで、「ロワールのシャンパン」と呼ばれる発泡白ワインを味わう。豚足の皿が厳かに運ばれてくる。豊かな旅の終りにふさわしい一刻だ。

オーヴンで15分焼いた「ジラルドー」の豚足にキノコソースを添えて。ワインはソーミュール・シャンピニー。「ビストロ・ド・ラ・プラス」で。

Bistrot de la Place ビストロ・ド・ラ・プラス
16, place Saint Pierre 49400 Saumur
☎33・(0)2・41・51・13・27
㊒12時〜14時30分、19時〜22時(月、火、木〜土)
19時〜22時(水)
㊡日、2月中旬の1週間、
8月最後の1週間

●トゥール駅からソーミュール駅まで急行電車で40〜50分。パリ・オステルリッツ駅からは、急行電車で約2時間45分。駅から街の中心までは、徒歩で約15分。

続・ロワールの田舎町の旅

ポム・タペ作りの洞窟を訪ねて。

ロワール河の旅で発見した「ポム・タペ＝叩きリンゴ」があまりに印象的だったので、その作る過程を見てみたいと思う気持が高まって、この夏再びロワール河へ足を運んだ。

ポム・タペの製造は、ソーミュールの町からロワール沿いに10キロほど東に行ったチュルカンという村で行われているという。チュルカンへはバスもあるけれど、時刻表では1日数本らしいので、駅前からタクシーを使うことにした。ロワール河畔の緑のなかを15分ほど走って村に無事到着。

ポム・タペは、河沿いに続く白亜層の崖を掘って作られた穴居のなかで作られていた。このあたりでは、大昔から人は崖の中腹に穴を掘って暮らし、いまでもそんな穴居がワインのカーヴや食物の貯蔵に日常的に利用されている。その洞窟のひとつがポム・タペの製造所兼「ミュゼ・ポム・タペ」として公開されているのだった。

一面の緑のなか、鳥たちの鳴き声がやかましい。石灰岩を削り、階段やテラスで何層にも積み上げられた不思議な形の建物が、崖に張り付いている。見学者は、私たちの他にフランス人のグループが1組だけ。案内をしてくれるのは、ポム・タペの復興に努める、製

叩きリンゴ作りを実演するフランソワ氏。天井の高い洞窟は、温度が一定で住居としてもじゅうぶん使えそう。

造所オーナーのフランソワ氏。洞窟内はつねに14度で冷えるから、と各自毛布を渡され、地底へと降りてゆく。

■■地底の洞窟で干しリンゴ作りを再現。

細い通路をたどると、その先には意外に大きい天井の高いホールが。人形が置かれ、100年以上も前ここで実際に行われていたポム・タペ作りの様子が再現されている……のだけれど、全体に手作り感が強く、ちょっと学園祭の展示みたいだね。フランソワさんが当時の道具を手に取り、解説してくれる。

保存技術の進んでいなかった時代、この干しリンゴは野菜の不足する船旅などに重用され、村の産業として発展したが、缶詰など近代保存技術の発展とともに姿を消してしまったという。それを再発見し、研究を重ねて生産するようになったのが、このフランソワさんと奥さんのベアトリス。さらに奥に進んだ映写室ではポム・タペの歴史と、現在の製造過程のフィルムが上映される。

リンゴは一晩水に浸けてから（昔はロワール河に浸けた）皮を剝く。3日3晩オーヴン（昔はパン焼き窯の横）で乾燥させ、専用の金づちで1個につき30回ずつ叩く。温度を下げたオーヴンでまた干し、再度叩いて、さらにオーヴンで乾燥させてでき上がり。フィルムでこの根気のいる作業をしているのは、やっぱりフランソワさん。他に人手はないのかな？とちょっと心配になってくるが。

階段を上って入口の部屋に戻ると、嬉しい試食の時間！　赤ワインに浸して煮たポム・タペのコンポートが、フランソワさんの息子らしい少年の手で配られる。とても美味。で、みな競ってポム・タペを購入します。見学は1時間あまりで終了。

お土産に買った叩きリンゴは、さっそく家で調理してみた。リンゴ7個につき白ワイン

白ワインで煮たポム・タペのコンポート。生クリームを添えるとさらに美味。

ポム・タペは袋入りでも4年間保存可能。瓶入りならその倍以上もつという。

1本使用。レシピ通り、まず3日3晩ワインに浸けて戻す。柔らかくなったリンゴを浸け汁ごと1時間ほど落とし蓋で煮たら、みごと素敵なコンポートのでき上がり。時間はかかるけれど、甘さ控えめでとてもヘルシーなデザートだと思う。乾いたままでかじっても、干し柿みたいでおいしい。

このポム・タペは、瓶で密封保存すれば何年ももつという。後で調べたら、ロワール河近辺では他にも叩きリンゴや叩き洋梨の製造が行われているようで、フランソワ氏は「ウチだけが正しいポム・タペ」と言い張っていたけれど、もっと地域住民と協同して開発・製造を広げていけば、パリや他の地域でももう少しこの叩きリンゴの良さが知られるんじゃないか、と余計なお世話だけれど、コンポートを味わいながら考えてしまったのだった。

白亜の崖に張り付いた奇岩のようなミュゼの建物。村には穴居を利用した仕事場や店が多い。

Le Troglo des Pommes Tapées
ル・トログロ・デ・ポム・タペ
Le Val Hulin 11, rue des Ducs d'Anjou
49730 Turquant
☎33・(0)2・41・51・48・30
●見学：6.50ユーロ。
4月～9月末／10時～12時30分、
14時～18時30分
（月・火の午前中は休み、あとは無休）
2月半ば～3月末、10月～11月半ば／
金、土、日、祭日の14時30分～18時

3

BENAUGE

日常を離れてシンプルに、
ブノージュ村の楽しい田舎暮らし。

いちめんのヒマワリ畑。フランスではヒマワリの種から採った油が、食用油としてもっともよく使われる。

高速をスイヤックで降りる。ブノージュ村にはあと1時間とちょっとで到着。

ブノージュの村外れの栗の林。秋にはセップやジロルなどのキノコも採れる。

日本にいるときもフランスに来てからもまったく「都会派」で、
田舎は旅行の途中で立ち寄るだけ、と思っていた私と夫が、
気づいたらここ数年夏になるとかならず行くようになっているフランス南西部の村がある。
最短でも1週間滞在して、何をするというわけでもなくのんびり暮らし、
近隣に青空市があれば出かけていって安いガラクタを買い込む。
都会のバタバタした日常を離れてシンプルに暮らすことの快さを、いつの間にかこの村に教えられた。
いまではこの田舎暮らしは私たちにとって欠かせない夏休みの行事となっている。

ブノージュ村の田舎暮らし。

その村の名はブノージュ。

フランス中央山塊に源を発する2本の河川、ドルドーニュ川とロット川がほぼ平行に西に向かって流れていき、ボルドーの先でひとつになって大西洋に流れ込む、その流域のちょうど中間あたり。北にドルドーニュ渓谷、南にロット渓谷を望む緩やかな丘の林間地にブノージュ村はある。県でいうとロット県。でも車で数キロ走ればそこはもうドルドーニュ県だ。

鉄道の駅は、北にグールドン、南のロット川沿いにカオールがあり、病院や文化施設、

ドルドーニュ川の流れは夏になるとカヌーや水浴を楽しむ人たちで賑わう。

マルミニャックの村役場と教会。村の中心なのにいつも人影がない。

映画館などが必要な場合は車を飛ばしてこのどちらかの町に行くしかない。ブノージュ村の集落は、行政上は4キロほど南にあるマルミニャック村に属しており、日本流にいうなら「字《あざ》ブノージュ」ということになる。

＊

この小さな村にはたった9戸しか家がない。パン屋もないし、カフェもない。つまり商店は一軒もない。村役場のあるマルミニャック村はもう少し大きくて教会があり、カフェ兼煙草屋もあって去年まではごはんも食べられたけれど、今年行ってみたら女主人が引退に

村の近くの牧草地でのんびり草を食むシャロレ種の牛さんたち。いかにも南西地方らしい美しい景色です。

備えて食事はやめてしまったという。数年後にはカフェも消えるらしい。

で、カフェや商店やスーパーがあるいちばん近い村(町?)というと、5キロ離れたサルヴィアック。ここはヴァカンスの季節には観光客もちらほらいて、それを目当ての骨董屋もあるので、食料の買い出しに行くとずいぶんブノージュより賑やかで「うわー町っぽい」と感じてしまう。朝市らしきものもある(ほんの数店だけでかなり寂しいが)。でもブノージュから歩いてゆくにはちょっと遠い。

＊

買い出しに行けないときは、週に1回ブノージュ村の広場にエピスリ(食料品店)の巡回車がやってくるので、すべてを買い込む。クラクションが鳴るとみんな仕事を放り出して飛び出していきます。

すべて、というのはオーバーな表現じゃなく、ホントにこのワゴン車には何でも積まれていて、客が注文すると、すぐにそれが手品みたいに出てくるのだ。パンに果物、野菜。ハムにチーズに牛乳。毎日の暮らしに必要なものは何でも。しかもかなり質が良くて、へタなスーパーよりずっと信頼できる。

このワゴンの運転手兼エピスリの主人は、毎日村々を巡って客の注文を聞いているうちに、みんなが何を欲しがっているのか、どんなものが喜ばれるのか、きっと自然に把握してしまったんだろうな。財布を握りしめたお年寄りたちに囲まれて笑顔で世間話している彼の姿は、商売人というより気のおけない古ーい友達がやってきた、という感じ。

＊

フランス南西地方のこのあたりは過疎が進んでいて、住み手のなくなった家を外国人が

マルミニャック村のカフェ兼煙草屋。常連が大テーブルを囲んで噂話に花が咲く。

エピスリのワゴン車。人気者のご主人は切手収集が趣味で、日本の切手が大好き。

買う、というケースが増えている。このブノージュ村も例外ではなく、昔からの住人が住み続けているのは9戸のうち4戸だけ。

私と夫がいつも滞在するのは、友人のケイコさんの家。古い農家を改造した本棟に、いまは車庫と物置になっている納屋が2棟。それを取り巻く広ーい庭は「どこまでがケイコさんち?」って未だにわからないくらい。

この村で3人の子供を育てたケイコさんは、ご主人が亡くなった後もパリのアパルトマンをときどき離れ、このブノージュ村の家にやってくる。大きくて古い田舎家を居心地よく保つためには、いつも家に目を配ってやることが必要なのだ。いまは世界の各地に散らばっている子供たちも、機会があれば子連れでこの家に休暇を過ごしにくる。私と夫と、もうひとりの友人マユミさんとは、しばらく前からそこに飛び入りするようになったのだ。

*

マユミさんの車でバニューの家を朝出発し、小麦の実るボース平野、濃い緑の森の続くリムーザン地方を通過して、南西地方の明るい丘と林の景色のなかに入ってゆくと、「ああ、今年もここに来られた」という歓びが湧いてくる。スイヤック、ペラック、と語尾がCで終わる地名の響きも懐かしく、周りの村々を確認しながらブノージュ村に着くのは、いつもあかあかと日の沈む夕暮れだった。

ケイコさんの田舎の家。正面が母屋で、左側の大きい建物は納屋。この裏に、さらに築山と芝生が広がっている。

階段を上ったところが玄関。天気のいい日はその前のテラスで、いつも庭を眺めながら優雅な朝ごはん。

鴨の丸焼きを食べる。

「シュッド・ウェスト（南西地方）」という言葉は、フランスの美食を語るうえで大事なキーワードだ。

水に恵まれ、気候が穏やかで緑の豊かなこの地方には、大昔から人が定住し、いまでもラスコーはじめ川沿いの洞窟にたくさんの先史時代の遺跡が残されている。葡萄の栽培も昔から盛んで、下流のボルドーにいたる各地に大小のワイナリーが散在。小麦こそあまり

道端にも「フォアグラ街道」の標識が。これって「ワイン街道」みたいに観光客を呼べるのだろうか。

放し飼いにされた青首鴨の群れ。小さめで茶色いのは雌で、いつも雄の後をウロウロついてゆく。

穫れないけれど、胡桃や栗、果物の収穫量はフランスいちで、牧畜も盛んだ（昔から豪農はトリュフや胡桃を収入源とし、小農はライ麦、と相場が決まっていたらしい）。

そして何よりも美食のイメージを印象づけるのは「鴨」。そう、あのフォアグラを取る鴨ですね。たしかにこの近辺の農場には鴨がたくさん飼われ、道沿いの立て看板ときたらフォアグラだらけだ。ブノージュ村の街道沿いにもフォアグラ・メーカーの立派なショールームが建っている。

＊

でも私たちが実際にあの高価なフォアグラを食べるのは、クリスマスや結婚式だけ。そ

ドルドーニュ川に向かう道で見つけた動物農園。ガチョウと羊が放し飼いで仲良く一緒に暮らしている。

動物農園の女主人は動物たちと仲良し。喧嘩っ早くて獰猛な雄鶏も、彼女の手からは喜んで餌を食べた。

れよりもふだん食べる鴨肉や鴨の砂肝のほうにずっと興味がある。とケイコさんと話していたら、「あ、じゃ今週の土曜は鴨料理にしましょう」ということになった。知り合いの農場に頼んでおけば、手ごろな大きさの鴨をつぶしてすぐ焼けるように準備してくれる、という。鶏のローストは何回も作ったけれど、鴨は食べたことがない。うわー豪華だ！で、土曜日に農場までその鴨を取りにいくことになった。暑いほどの晴天。マユミさんの車で林のなかの農場に到着。

農場主のモーリスさんが、鳥の放し飼いの様子を見せてくれる。雄鶏とそれを取り巻く雌鶏たち。いっせいに駆け出すホロホロ鳥の群れ（人間がコワイらしい）。鴨たちは、青首鴨も白いのものんびりと歩き回っている。

モーリスさんと奥さんが持って来てくれた鴨の包みはずっしりと重かった。若鶏の倍くらいはありそう。急いで帰り、マユミさんが得意の「鴨のロースト、かぶ煮込み添え」を作ってくれた。こんがりと濃い黄金色に焼けた鴨からは、おいしそうな肉汁がにじみ出ている。鶏より赤くてしっかりした肉質。そして、その肉汁と鴨の脂を吸い込んで柔らかく煮えたかぶのうま味。みな無口になって、ひたすら鴨肉と格闘したのだった。

パリでも、丸焼きの鴨というのはなかなか食べられないご馳走。ましてや鴨がポピュラーでない日本では、これは夢の料理ですね。

220〜240度のオーヴンで約1時間、こんがりと焼き上がった鴨。かぶは別に鴨の脂で炒め、肉汁を注いで煮る。

農場主のモーリスさんは、ケイコさんの隣人イヴさんの従兄弟。田舎では人間関係が何より大事。

採れたての野菜たち、果物、そしてパン……。

ケイコさんのいちばんの仲良しは、お隣に住むイヴさんとエメさんの夫婦。長いあいだ農業に従事していたふたりだけれど、引退していまは悠々自適、自分たちの食べるぶんだけ野菜を作って暮らしている。

ケイコさんがパリから来たと知ると、いつもふたり別々に、自分の作った野菜を届けにやってくる。対抗心が強いのだ。

今日のイヴさんの収穫はトマトだった。思いっきり不揃いで、色も赤かったり黄色かったり。虫も喰っている。だけどその味のいいこと。甘くて酸味があって、かじりついたらそのまま止まらず食べてしまいたくなる。

＊

でも今日は庭に火をおこしてソーセージを焼く予定だったので、トマトも一緒に焼くことにする。ちなみにこの地方では、挽き肉を詰めた太いソーセージが何重にもトグロを巻いた状態で売られている。名称はただの「ソーシース（ソーセージ）」。それを3人分とか4人分とか言って買い、自分でテキトウな大きさにくるのです。

庭の枯れ枝を燃して炭に火を移し、ソーセージを焼くのはケイコさんの出番。あいだにトマトものせてじっくりと焼く。肉汁が火に落ちてじゅうじゅうと煙を上げる。陽が落ちて青みを帯びた景色のなかで、熾火《おきび》の赤い炎がちろちろと動く。空腹をじっと我慢しながら、ソーセージとトマトの焼き上がるのを待つ時間。その後の夕食は、どんな豪勢なパーティーよりも盛り上がるのだ。

熱々のトマトのおいしかったことは言うまでもない。ひとり1個しか割当てがなかった

イヴさんは記憶力抜群で昔のことをよく覚えている。食前酒を飲みながら話してくれるこの地方の習慣やできごとは、テープに録っておきたいほど興味深い。

そら豆畑で収穫するエメさん。緑の葉陰にぷっくり膨らんだみごとなそら豆が。

テラスのバーベキュー網で焼き上がったソーセージとトマト。いい匂いが漂って、みんなのお腹がキューッと鳴る。

のは残念だったけれど。

＊

数日後、エメさんが持って来てくれたのはバケツ一杯のプールピエ（スベリヒユ）だった。プールピエは、農家の人たちにとっては畑の養分を奪う雑草で、目の敵。でも飢饉のときには食べたそうで、エメさんは料理法を知っていた。去年の夏に「日本でもこれを食べるの」とエメさんの畑に行ってたくさん摘んだのを、ちゃんと覚えていたのだ。

みんなでバケツの周りに集まって、お喋りしながら柔らかい葉と太い茎を選り分ける。

一晩ドレッシングに漬けたプールピエ。独特の食感がいい。

採れたてのそら豆はさっと茹でてアペリティフのつまみに。

さっと洗ったら水を切り、生のままサラダドレッシングに一晩漬けておく。時間をかけないと味がしっかりしみないからね。プールピエは独特の酸味とぬめりが特徴で、食べるときに茹で卵を混ぜると、酸味が和らいでコクが増す。半量はおひたしにして、削り節をかけて食べたけれど、どうもフランス風のほうが評判よかったようだ。

こんな具合に、いつも新鮮な採れたての野菜が、ブノージュの台所を賑わす。ときには「サヤエンドウが食べごろだから、畑で採っていいよ」と言われることもある。長靴を履き、泥の畝にしゃがんで膨らんだ豆の莢を探すのは、子供のころみたいで愉しい。あっという間に、3食分くらいの豆が収穫できてしまう。グリーンピースやそら豆は、新鮮なのを生で食べると甘くておいしい、ということもこのときに覚えた。

＊

ケイコさんの庭にはフランボワーズや葡萄がなるけれど、毎日の朝食やデザートに果物が欲しいときは朝市に買いに行く。7キロほど離れたカザルの朝市は、生鮮食料からこの地方の名物、籠や衣料まで集めて、特に日曜はたいへんな賑わいだ。

ガヴォダン産の蜂蜜。手作りのカシスやサクランボのジャム。オリーブの漬物。この地方ならではのおいしいものがいっぱいで、いつもここに来ると興奮してしまう。なかでも採れたての野菜や果物の新鮮なこと。完熟のプラムや桃は皮がピンと張ってずっしり重い。

巨大な巡回車のエピスリの田舎パン。下に敷いてある分厚い麻のシーツが、パンの保存にはとても役に立つ。

カザルの朝市の野菜売りの屋台。朝に採った野菜を無造作に並べている。値段はパリの半分くらい。

イチゴは春が旬だと思いこんでいたけれど、それは温室栽培のもので、外気のなかで育った夏のイチゴがどれほどおいしいか、もここで初めて知った。小粒だけれど真っ赤に熟れて甘い香りが漂う夏のイチゴを味わったら、もう春先のイチゴは食べる気がしなくなるくらいだ。

＊

パリでは食事のために毎日バゲットを買うのがごく普通だけれど、ブノージュみたいな田舎ではそれはとても無理。パン屋は大きめな町にあるだけだし、毎日車でパンを買いに行くのもたいへんだ。

だからみんなひと抱えもある大きな田舎パンを買い、毎日それを少しずつ切って食べる。古いフランス映画でジャン・ギャバンみたいなオッサンが、テーブルで大きな田舎パンを抱えてナイフで削っては食べるシーンがあったけれど、まさにその通り。そしてそんな田舎パンはずいぶん日もちするのだ。

さいわい移動ワゴンのエピスリがブノージュに運んできてくれる田舎パンは、とっても味がいい。パリで田舎パンというと、ライ麦や酵母を使った黒くて酸味のあるものが多いけれど、これは生地が白くてしっとりと柔らかい。皮はパリッと硬いので、麻布の厚いシーツなどでしっかりくるんでおけば1週間くらいはちゃんともつ。朝ごはんにはこれをさっとトーストして、カフェオレに浸けて食べるのです。

スリエおばさんのパスティス。

カザルの朝市で花やキノコを売っているスリエおばさんは、「パスティス」というお菓子作りの名人だという。

え？　パスティスってアニスの匂いのする南仏の食前酒のことでしょ。でもこの地方だと、パスティスというのはリンゴを使ったお菓子のことで（料理事典を調べてみたら、ちゃんと「南西フランスの菓子の総称」とありました）、それを作る人も最近は減ってなかなか食べる機会がないとか。ケイコさんは昔、スリエおばさんにそのパスティス作りを習ったけれど、ぜんぜんうまくできなかったらしい。

「もう一度作ってもらう約束をしたから、一緒に見に行こう」というので、またマユミさんの車に乗って、10キロほど南の村にあるスリエさんの家まで出かけて行きました。

＊

スリエおばさんの家は、丘の上にある小さな一軒家。コスモスやキリン草の揺れる花畑に囲まれ、キノコの採れるという雑木林が家の背後に続いている。家の横にある別棟がお菓子作りのための台所らしい。今日は子供の誕生会をする娘さんに頼まれて、パスティスを3個焼くという。

花の咲き乱れる庭のテーブルで、パスティスを前に午後のお茶。スリエさんは庭の花々を朝市で売っている。

緑に包まれた小さな家。真ん中の木の小屋がお菓子作りの台所で、パスティスはここで作られる。

さらに引っぱって伸ばします。

スリエさんのパスティス作りを紹介します。生地の材料は小麦粉とサラダオイルと水、それに塩と砂糖だけ。分量はテキトウみたいです。簡単そうに見えるけど、この種をこんなふうに薄く伸ばすのはほとんど不可能。ケイコさんは穴だらけになっちゃったらしい。

まだまだ伸ばします。

小さなパン程度の大きさの種を冷蔵庫から出して常温に戻し、シーツを広げたテーブルに置く。

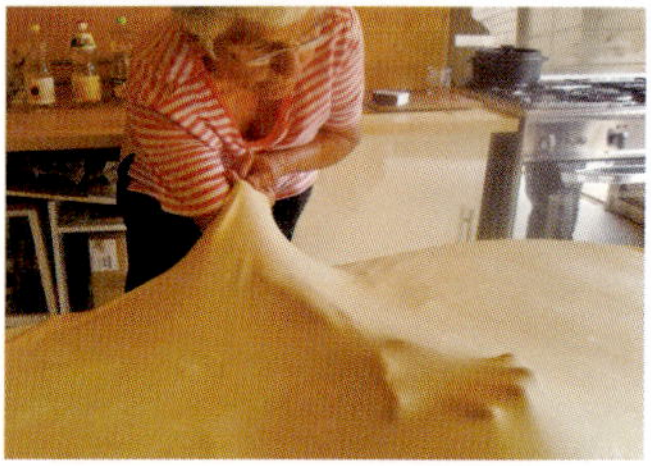

破けないように気をつけて伸ばします。

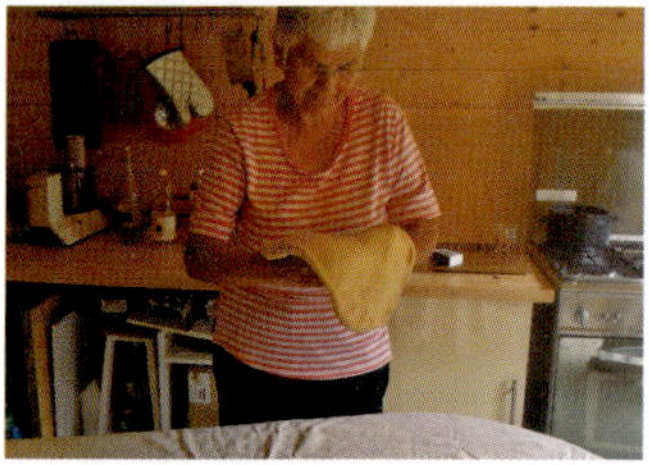

常温にして15分くらい経ったら、両手を使って少しずつ伸ばします。

テーブルのふちを越えてもまだ伸ばします。

どんどん伸ばします。

砂糖を手で全体にまんべんなく撒き、リンゴをパラパラと散らすように置く。

リンゴをのせた部分を帯状に巻いていく。カットした生地も足して帯を何本も作る。

タルト型に濡らした紙を広げ、オイルを塗る。そこにリンゴ入りの帯を花のように並べて詰める。

帯の上の部分をナイフで裂き、生地の残りもバラの花弁のようにちりばめて飾る。

伸びたー！下のシーツが透けて見えるほど薄ーく伸びた。

生地全体に刷毛でオイルを塗って、少しのあいだ置く。

伸びた生地の外側の部分はカットし、後で帯を作るときに再利用。

オーヴンの上の段に入れ、強火で20分。下の段に移して火を少し弱め、さらに25分。

リンゴの浸け汁＋オードヴィ＋砂糖＋水を煮立てシロップを作り、焼き上がったパスティスにかけてホイルで覆い、冷えるまで蒸らす。

でき上がり！ スリエおばさんのパスティス。

薄ーいパイ皮が花びらのように広がって、とても美しいスリエさんのパスティス。私たち用にもひとつ作ってくれたので、持ち帰って夕食のデザートに温めた。サクサクと軽く、上品な甘さで香りがとてもよい。通常のタルトと違い、シロップがしみて全体にしっとりしているのも特徴。ランド地方の「トゥルティエール」というタルトもこの仲間だと思うけれど、彼女のパスティスほど繊細な味と形のものは、これまで見たことがない。

スリエおばさん、ありがとう。

愉しい田舎のできごと❶ジャム作り。

天気がよければ、朝ごはんはたいていテラスのテーブルで食べる。

眠気の残るボーッとした頭のままコーヒーを淹れ、トーストにバターとジャムを塗ってかじっているうちに、やっと目が醒めてくる。楡の木の枝で山鳩が鳴いている。牧草地の上には白く朝靄が漂っているけれど、空の色は青くて今日も暑くなりそうだ。

誰かが起きてきたらコーヒーをもう1杯。お喋りが始まり、全員が揃うころにはその日の計画もほとんど決まっていて。こんなふうに朝が始まるときは一日中気分がいい。

＊

朝食の食卓には、ケイコさんの作ったジャムがいつも2、3種類出ている。イチジクにサクランボ。カシスにプラム。ゼラチンを使ったゆるい市販のジャムと違って、砂糖もたっぷり入れ、時間をかけて練り上げた彼女のジャムは、特別な真空パックじゃなくても何年間ももつ。地下室に降りてゆくと、机の上にはいつも彼女の手作りジャムがずらりと並んでいて壮観だ。

いちどそのジャム作りを横で見学したことがある。それはカシスの時期だった。

カザルの朝市で果物のスタンドを出しているおばさんの畑まで、まずカシスの実を取りに行く。松と栗の茂る林をいくつも抜け、ドルドーニュ側に10キロほど入った小高い丘の上にその畑はあった。長靴のまま畑から帰ってきたおばさんが、カシスの入った箱を出してくる。その実はいままで見たこともないほど大きく、それに素晴らしい香り。我慢できずにひとつ口に放り込む。じつはいままで、カシスはあまり好きじゃない、と思いこんで生もジャムもほとんど買わなかったのだけれど、ごめんなさい、大間違いでした。

家に帰って、5キロもあるカシスをまずは絞る。丈夫な木綿の袋に入れた実を、これは力仕事なので、唯一の男手である夫が手を紫色に染めながらひたすら絞る。絞り終わったら大鍋に入れ、砂糖を加えて、あくを取りながら何時間もかき回し続けて煮詰める。家じゅうに甘い香りが漂うのはとても幸福な気分だけれど、かき回す係は汗みどろだ。

こうしてでき上がったジャムは瓶に入れて密閉し、地下室へ。でも翌日の朝食には、途中で取ったあくを別に煮詰めたジュレが出て、これだってじゅうぶん美味だった。

ゾンビみたいな色の手になって働いた夫のおかげで、私たちも帰宅時に2瓶分けてもらえたけれど、もったいなくてじつはまだ蓋を開けていないのです。

カシスの畑の向こうにはロバが飼われていて、おばさんを見ると嬉しくてヒンハンヒンハンと大声で鳴いた。

全員の努力の結果でき上がった、貴重なカシスのジャムがこれ。

シーズン最後の収穫という5kgのカシスを、おばさんが車に積み込んでくれる。

愉しい田舎のできごと❷ 青空市。

私も夫も運転ができないので、ブノージュ村では買い出しをするにも、遊びに行くにも、いつもマユミさんの車のお世話になる。

マユミさんはブロカント（古道具市）巡りのベテランで目利きで、南西地方に来るときはいつもその時期そのあたりで開催される青空市のリストを、ちゃんと調べてきている。

で、「この土曜に○○村で青空市があるんだけど？」と言われると、いつも何の予定もない私と夫は、大喜びで「行く行く」と賛成してしまう。高い骨董品を買う趣味はぜんぜんな

ロット川に近いモンキュの市。青空が広がり暑い！陽射しの下の屋台巡りは帽子必携。出店数が多いと、最後は耐久レースみたいな気分になってくる。

カドゥアンの市で見つけた瀟洒な曲げ木の車椅子は20世紀初めの品？ あまり美しいので、夫はもう少しで買いそうになった。いつ使うつもりだったのか。

サン・ポンポンという可愛い名前の村では、小さな掘割に沿って市の屋台が並ぶ。骨董品は少なく、不要になった子供の玩具などガラクタが中心だが、古い籐の籠とかホウロウの水差しなど掘り出し物もある。

古本市の開催されていたモンパジエは、バスティッド（要塞都市）と呼ばれる中世の町。市壁に囲まれ、アーチ型のアーケードを持つ。

何もない原っぱに出現した青空市。ブロカントの看板を見ると何をおいても飛んでいってしまう私たち。

いのだけれど、面白いガラクタや昔風の食器、子供の絵本などをブロカントで見つけるのは私たちも大好きで、パリ周辺でもよく青空市を探しては出かけている。

それに、この地方のまだ行ったことのない村や町を、こんな機会に訪れるのは楽しい。お城があったり教会があったりして少し有名な町はすでに見ていても、南西地方には数えきれないほど美しい小さな村がたくさんあって、そういう村を見るたびにますますこの地方が好きになってしまうのだ。

たいていの青空市は、そういう可愛い村の中心の広場や教会の周囲の路上で行われるのだが、ときによると人家も何もないだだっ広い草原や、林のなかの空き地が会場になっていることもある。一昨年の夏に行ったナデイヤックの市がそれだった。

＊

ドルドーニュ川の上流、コレーズ県との境にある小さな村ナデイヤックの青空市は、村外れの丘の林のなかで開かれていた。木立のなかにわりあい広い空き地があって、テントやパラソルを広げたスタンドがたくさん並んでいる。ブロカントというよりは、近所の人たちが不要のものを持ち寄るヴィッド・グルニエ（ガラクタ市）。でも田舎では、こんなガラクタの中にけっこう掘り出し物がある。

空き地の中心にはテーブルが何列も並べられていて、脇の大きいテントでは、食べものの用意が始まっている。本日限定の青空レストランなのだ。村にはカフェすらなくて、今

ナデイヤックの林のなかの昼食会。前菜＋メイン＋デザートにワイン飲み放題で17ユーロでした！

日のお昼はどこで食べられるのかと心配していた我々は、すっかり嬉しくなってさっそく食券を購入。スタンドをひと廻りしたあと、早々と席に着いた。客も出展者もみなテキトウに座って、林中の昼食の始まり。

テーブルの真ん中にはパンの籠とワインと水の瓶。好きなものを好きなだけ飲める！　前菜はメロンと生ハム。メインは羊肉のロースト、豆の煮込み添え。ごく普通のメニューだけれど、どれも地元の正直な食材を使っていて文句なくおいしい。近所の町のレストランが出張調理しているとか。マユミさんはたっぷりの肉汁で柔らかく煮込まれた豆をお代わりしていたっけ。

締めくくりは、特産のロカマドールのチーズかアンズのタルト。お腹いっぱいでワインの酔いもまわり、近くの席の人たちとお喋りが弾む。この地方の料理の自慢、作り方の違いを競い合ったりして、さらにグラスが重ねられる。P・ブリューゲルの描いた「農民の祝宴」そのままの風景。何百年も昔から人々はこうして集まり、必要なものを交換し、それが発展して「市」というものが形作られてきたのだ。

愉しい会食がすんだあと、気を取り直してまた青空市を冷やかす。私と夫は気が大きくなって、台所に置く70年代のきれいなデコラ張り食卓・椅子セットを買い込んでしまったのだった。

愉しい田舎のできごと❸ 美しい村々。

私たちが、やはりマユミさんの車に乗せてもらって訪ねたペリゴール、ケルシー地方の美しい村々のことを、すこし紹介したい。

＊

「フランスのもっとも美しい村々＝Les plus beaux villages de France」というのは、本にもなっているしテレビ番組も作られていて、最近は日本でも紹介されているようだけれど、フランス全国に散らばる小さな可愛い田舎の村のことを指す。昔ながらの家並みや建築が残っていて、緑と花々に埋まった絵のような村。となると、とうぜん都会から遠く離れた交通の不便な場所が多い。その美しい村々の分布地図を見ると、圧倒的にこの南西地方、ペリゴール、ケルシーあたりに集中しているのだ。つまりブノージュ村があるのは、そんな美しい地域のただ中なのです。

で、青空市に出かけたり、ドルドーニュ川沿いの名所を見に行ったりするついでに、そういう村にも寄ってみる。紹介されている村はすでに観光化されていて、人出がすごくてがっかりすることもあるけれど、たいていは感心するほど中世以来の雰囲気が保たれていて、フランスって美しい、といまさらのように納得できてしまう。

＊

代表的なのが、カオールからロット川沿いにすこし東に行ったサン・シール・ラポピー。この村はたしか2012年のテレビ版「美しい村」の1位になったりして、レストランやアーティストのアトリエが増えつつあるようだけれど。それでも、川沿いの崖にそびえる教会とそれを取り巻く赤い屋根の連なりが道の向こうに現れると、何度見ても一瞬息を呑まずにはいられない。

車の入れない石畳の急な坂道を歩けば、石のトンネルのアーチに藤の花が咲き乱れていたり、迷路のような細道が上の教会の庭へと通じていたり。小さな石造りの家々が不規則に並ぶ様子は、まるでホビットの村のようだ。城跡の岩山に登ると、ロット川が真下をうねって流れ、深い緑の森の彼方まで続いてゆくのが見渡せる。

村は中世の昔から木工で栄えていたけれど、いまはその職人も減って、伝統の木の細工物を作るアトリエは1軒しか残っていない。そこで作られているケン玉は、日本のそれよりも固く重厚な作りで、とてもきれいだった。

＊

美しい村に数えられていない村だって、思わず「住んでみたい！」と思うようなところがたくさんある。

いちめんの緑に囲まれ、赤い屋根と明るい石壁の家々が連なるサン・シール・ラポピーの村。その向こうの谷間をロット川が流れる。

石畳の道はひんやりと涼しく、石のアーチが日陰を作ってくれる。サン・シール・ラポピーは小さい村なので、路地をくまなく歩き回っても2時間くらい。

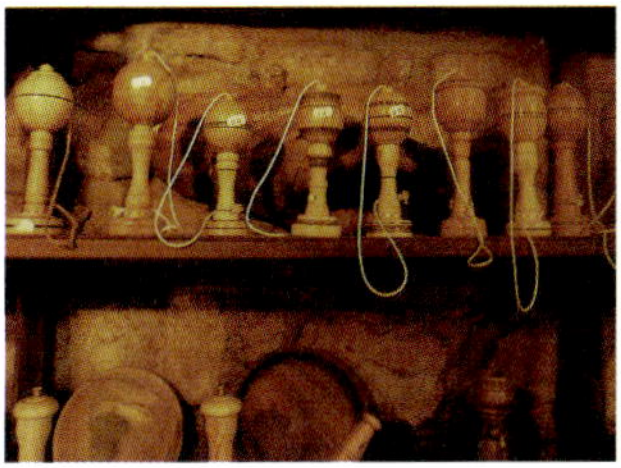

木工のアトリエでは、いろいろなタイプのケン玉が棚に飾られている。オリーブつかみや蜂蜜用さじ、コマなどきれいな細工物も多数。

モンパジエの四角い広場に面したアーケード。こういう碁盤の目のような街区を持つバスティッドが、13世紀半ばからこの地方を中心に多数作られた。

天窓にホタテ貝の浮彫りがついたサン・ポンポンの民家。これが典型的なペリゴール様式とされる。

ここもバスティッドの町ロゼルト。四角い街区とそれを囲む市壁、石を組んだアーチ型のアーケードが特徴。

たとえば、ブノージュからすこし北に行ったサン・ポンポン。賑やかな青空市があって寄った村だが、小さな掘割に沿ってペリゴール地方特有の家々が並ぶ。石造りの天窓にホタテ貝の浮彫りがあるのは、ここもサンチャゴ・デ・コンポステラへの巡礼路だった証しだろうか。静かで人けのない裏道を歩くと、どの家にも真紅のバラがたくさん植えられていて、軒や戸口を縁取っているのが印象的だった。裏山を登ると、ケルトの塚だか墓所だかといわれる巨石の遺跡もあったりして、なかなか面白い。

そのすぐ南のベス村には、小さいけれどよく保存されたロマネスクの教会があり、西正面入口の浮彫りには、稚拙で可愛いアダムやイヴ、天使や怪物がいる。こういう教会がこ

ベスのロマネスク教会。この村では、石畳も教会も民家も同じ暖かい黄土色の石で造られていて、気持ちが安らぐ。

のあたりにはいくつもあるから、それこそ巡礼みたいに廻って鑑賞するのもいい。

いつもドルドーニュ方面に行く途中通過するダグランという村は、明るいオレンジ色の石造りの家が並ぶきれいな村だけれど、そこではすてきな帽子店を見つけた。去年は麦わら帽子を買い、今年も寄って夫の冬用のフェルト帽を買った。ふたりの若い女性の作る帽子は、色や形にちょっと工夫があって、お洒落なのにとてもかぶりやすい。

ブノージュ村の生活では、ときどきレストランで食事するかブロカントの安い品を買うくらいで、ほとんどお金を使わないのだが、たまにこういう買物をすると、急に夏休み気分が盛り上がってちょっと嬉しい。

モンフェラン村の鉄細工のアトリエで。馬車の時代にタイムスリップしたような蹄鉄とやっとこ。

モンパジエの黒猫。おいたをしないように(?)ベルトで繋がれています。カワイソウ。

愉しい田舎のできごと❹ドムのワイン。

私と夫がブノージュ村に毎年通うようになったのには、もうひとつ大事な目的があって、それは「ドム」のワインを買うこと。

ドムというのは、ドルドーニュ川沿いにある「美しい村」のうちのひとつの名前だけれど、ドムのワインを造っている小さな醸造所は、もうすこし南の、ブノージュ村に近い丘の上にある。ケイコさんの家からいちばん近いワイナリーで、ケイコさんはそこの会員になってワインを買っている、と聞いて一緒に買いに行ったのが始まり。

もともと私と夫は、ブルゴーニュ系よりもボルドー系のしっかり濃い赤ワインが好き。そして毎晩晩酌を欠かさないので、ふだん用の好みのワインを確保することにかなりの努力を要するのです。おいしいボルドーのワインは高価だし、安いボルドーはというと工場で大量生産、添加物や保存料の味がする場合も多い。で、ボルドーからドルドーニュ川をさらに遡り、サンテミリオンよりももっと上流のベルジュラックあたりのワインがいいんじゃないか、という結論で固まりつつあるところだった。このあたりのワイナリーはたいてい小規模生産で、知名度が低いからあまり値段が高くない。そのわりには、ボルドー系の腰の強い風味を持つ。

ドムはベルジュラックよりさらに上流にあり、100年ほど前まではワインが生産されていたのに、その後葡萄の栽培も醸造も途絶えていたらしい。それを近辺の農家が協同で再生、醸造所を再開したという。飲んでみたらとても感じがいいので、すっかり気に入って3ダースほどマユミさんの車に積んでもらってバニューに帰ったのだった。

以来、ブノージュ村に来たらドムのワインを買って帰り、次の年まで大事に飲む、というのが恒例になっている。小規模なので、パリなどの大都市にはもちろん出回らないし、最初はワイナリーのショウルームもあまり賑わっていなかったのが、最近は客も増えて人気が出てきたようだ。20haほどしかなかった畑も行くたびに少しずつ増えている。

でもまだまったく無名のワインだから、我が家に来た客に飲ませては、「ほう、どこのワイン?」という反応を楽しむのです。

＊

同じ赤ワインでも、南のロット川の流域で作られるカオールのワインは、ちゃんと知名度がある。ワイナリーの数も多くて、パリのスーパーにも並んでいる。味も色も濃く透明度の低い、強ーいワインなので、いまどきのワイン愛好者には人気がなさそうだが。

私と夫もさすがに、このタンニンが強くて「黒ワイン」と呼ばれるオッサンタイプのワインにはなかなかなじめなかったのだけれど、最近のシラー系口当たりのいいワインに比べると、この渋さはむしろ好ましい、と思えるようになってきた。それに最近はワイナリー

ドムの葡萄畑はワイナリーの周りの丘の斜面に広がっている。手入れのよく行き届いた、明るい畑。

ショウルームで試飲した後、注文のワインの箱が運ばれるのを待つ人々。盛況でメデタイことです。

新しく清潔なドムのワイナリーの作業所。醸造タンクが整然と並ぶ。古い木の醸造樽はないけれど。

も努力したのか、やや軽めで飲みやすいタイプが出現していて、スーパーでいくつか試すと「悪くないね」というのに出会うことがある。いまはこの手のカオールが、我が家のふだんの晩酌にはよく登場しています。

＊

ドムやカオールのワインを傾けていると、ブノージュ村の生活のリズムに身体を預けて深く深呼吸しているような、ゆったり寛いだ気分にひたれる。

夏休みの田舎暮らしは、夏だけでなく都会の日常にもいつの間にか作用して、力んでいる肩の強張りをほぐしてくれるのです。

ロット県の平野の葡萄畑。カオールの黒くてしっかり力強いワインはここの葡萄から造られる。

我が家の常備ワインたち。左の2本がドム。その右がやはりドルドーニュ産のベルジュラック。右端が毎日の晩酌用でいちばん値段の安いカオール。

あとがき

この本は、２０１０年6月から２０１２年11月までおよそ2年半にわたり雑誌「フィガロジャポン」に連載した記事をもとに、２００７年6月号掲載の「素朴なおいしさを求めて、ロワールの田舎町へ。」と、新たに書き下ろした「ブノージュ村の田舎暮らし」を加えて一冊としたものです。

私たち一家がフランスにやって来たのは１９８７年の12月。ほんの2年くらいと思っていたフランス暮らしがなんと26年にもなり、1歳半と7歳だった子供たちはすっかり大人になりました。そのあいだにパリの食事情も変わり、生姜や柚子などの和の食材が人気を呼ぶようになって、日本からやって来たキュイジニエやパティシエ志望の若者たちがあちこちのレストランで働いています。

そんな変化はあっても、フランス料理の基本はやはり長い歴史に支えられた伝統料理。フランス各地を旅しているうちに、それぞれの地方・風土から生まれた独特の料理があり、それらがフランス料理の基礎になっている、ということがよく分かってきました。

この本でそんな地方料理の楽しさをお伝えできたら、と思います。

最初にこのテーマを提案してくださった「フィガロジャポン」編集長の西村緑さん、そして連載中の担当編集者のみなさん、書籍化の際にたいへんお世話になった書籍編集部の小林薫さん、レイアウトの夏木わかなさん、ほんとうにありがとうございました。

２０１４年1月

稲葉由紀子

著者紹介

稲葉由紀子（いなば・ゆきこ）

1946年生まれ。東京教育大学卒業後、フリーのグラフィック・デザイナーとして『アンアン』や『クロワッサン』など雑誌のレイアウトに携わる。1987年より家族とともにフランスに在住。おもな著書に『パリのお惣菜。』『おいしいパリ暦』（フィガロブックス、阪急コミュニケーションズ）、『須賀敦子のフランス』『フランスのおいしい食材ノート パリ郊外アントニーの市場から』（河出書房新社）、『パリの朝市ガイド』（文化出版局）などがある。

おいしいフランス おいしいパリ
2014年4月8日 初版発行

著者　稲葉由紀子
写真　稲葉宏爾
本文地図　DESIGN WORKSHOP JIN
校閲　麦秋アートセンター
デザイン　夏木わかな
発行者　五百井健至
発行所　株式会社 阪急コミュニケーションズ
〒153-8541 東京都目黒区目黒1丁目24番12号
電話　販売03-5436-5721
編集03-5436-5735
振替　00110-4-131334
印刷・製本　大日本印刷株式会社

ISBN978-4-484-14207-4
Printed in Japan